MONUMENTS FUNÉRAIRES

ÉPIGRAPHIQUES, SIGILLOGRAPHIQUES, ETC.

DE

LA FAMILLE DE BUEIL

PAR

EUGÈNE HUCHER

PARIS

AUGUSTE AUBRY, LIBRAIRE-ÉDITEUR

RUE SÉGUIER, 18

TOURS	LE MANS
IMPRIMERIE PAUL BOUSEREZ,	MONNOYER, IMPRIMEUR-LIBRAIRE,
RUE DE LUCÉ, 5.	PLACE DES JACOBINS.

MONUMENTS FUNÉRAIRES

ÉPIGRAPHIQUES, SIGILLOGRAPHIQUES, ETC.

DE

LA FAMILLE DE BUEIL

MONUMENTS FUNÉRAIRES

ÉPIGRAPHIQUES, SIGILLOGRAPHIQUES, ETC.

DE

LA FAMILLE DE BUEIL

PAR

EUGÈNE HUCHER

PARIS

AUGUSTE AUBRY, LIBRAIRE-ÉDITEUR

RUE SÉGUIER, 18

<table>
<tr><td>TOURS</td><td>LE MANS</td></tr>
<tr><td>IMPRIMERIE PAUL BOUSEREZ,</td><td>MONNOYER, IMPRIMEUR-LIBRAIRE,</td></tr>
<tr><td>RUE DE LUCÉ, 5.</td><td>PLACE DES JACOBINS.</td></tr>
</table>

MONUMENTS FUNÉRAIRES

ÉPIGRAPHIQUES, SIGILLOGRAPHIQUES, ETC.

DE

LA FAMILLE DE BUEIL

Il est des noms qu'une auréole de gloire et de respect protége contre l'oubli des générations nouvelles; les révolutions elles-mêmes ont beau déchaîner leurs passions violentes et souvent injustes contre les vestiges de ces grandes figures, le culte de ces héros reste au fond des âmes, comme enfermé dans un sanctuaire, et tôt ou tard la pure lumière de la reconnaissance publique les entoure d'un prestige qui ne fait que grandir avec le temps, et qui ajoute un intérêt extraordinaire à tout ce qui les touche.

C'est ce qui est arrivé pour l'illustre famille de Bueil qui a payé plus que d'autres l'impôt du sang à la mère-patrie. (Moréri ne dit-il pas à l'article de Jean IV, « qu'il y eut jusqu'à seize personnes du nom de Bueil, prises ou tuées à Azincourt, » et je crois qu'il reproduisait cette assertion d'après l'Hermite Souliers.)

Les Bueil ont eu l'insigne honneur d'être presque toujours à la peine; leur existence a été une lutte perpétuelle contre l'ennemi commun d'alors, les Anglais : ils ont eu la gloire militaire dans toute l'étendue du mot, ils ont été chantés par les trouvères et leur cri de guerre : « Notre Dame Buel » qui a retenti dans les cités après la victoire, nous a été conservé et transmis par les chansons de geste de ces poëtes populaires. (Cf. la *Chronique de Duguesclin*, par Cuvelier.)

Comment s'étonner après cela, que notre génération recueille avec un pieux respect tout ce qui leur a appartenu de près ou de loin; d'abord leurs effigies, puis les objets de leur intimité, leurs sceaux, les actes émanés de leur chancellerie et souvent souscrits de leur signature, enfin les débris de toutes sortes où paraissent leurs armes illustrées dans tant de combats.

Les Bueil avaient fondé dans la petite bourgade de Touraine qui porte leur nom, une collégiale destinée à rece-

voir leurs restes mortels. A l'époque de la Révolution leurs tombeaux furent violés et leurs effigies tombales arrachées de dessus les dalles funéraires, et précipitées dans un caveau qui régnait sous le chœur. Il paraît qu'il existait alors onze tombeaux dans l'église; nous croyons pouvoir l'affirmer, car ce fait est constaté dans une délibération d'une assemblée du temps où la nouvelle de cette destruction, bien peu patriotique, fut apportée.

Quelques têtes furent sauvées; déposées d'abord à la cathédrale de Tours, elles sont devenues plus tard, la propriété de la Société archéologique de Touraine qui les conserve précieusement dans son musée.

Voici ces cinq têtes, dont plusieurs offrent de beaux détails et donnent une opinion très-favorable des artistes qui les ont sculptées.

Le n° 1er d'un assez grand style paraît être la tête de Louis de Bueil dont nous parlerons plus tard.

Le n° 2 est, croit-on, celle de Pierre de Bueil, cet illustre

N° 2

guerroyeur associé à tous les faits d'armes de la fin du XIV° siècle.

Le n° 3, serait celle de la femme de ce personnage. Toutefois ce ne serait pas celle d'Anglesie de Levis, première femme de Pierre, suivant le père Anselme, mais bien celle de Marguerite de Chausse qui aurait été sa seconde femme.

N° 3

Nous ignorons complétement à quels membres de la famille peuvent appartenir les n°s 4 et 5.

Si ces têtes sont aujourd'hui sauvées, il n'en est pas de même d'autres précieux restes de statues tombales du plus haut intérêt, à raison de la perfection de leur travail et de leur belle conservation, qui sont encore gisantes aujour-

d'hui dans la sacristie de la petite église de Bueil, exposées à tous les heurts et à toutes les mutilations.

N° 4

Tous les amis de notre archéologie nationale souhaitent

N° 5

vivement que le conseil général du département d'Indre-et-Loire, animé de sentiments sympathiques en faveur de nos gloires nationales, vote une allocation sur le fonds départemental des monuments historiques, et provoque ainsi le concours toujours si dévoué de la division des Beaux-Arts au ministère de l'instruction publique. Nul doute que, de son côté, la Société française d'Archéologie ne contribue à l'œuvre réparatrice dans une large proposition, et n'assure le salut de ces statues, qui devront être conservées à Bueil même, dans cette modeste église où elles ont reposé si longtemps avec honneur.

Nous devons maintenant justifier notre immixtion dans cette œuvre de conservation, car nous ne sommes pas Tourangeau et on pourrait s'étonner, à bon droit, que nous venions enlever à nos chers confrères de la Touraine l'honneur de plaider la cause des statues de Bueil.

Nous avions, il y a plusieurs années (novembre 1872), consacré quelques pages à la mémoire des Bueil qui ont été seigneurs de Saint-Calais au Maine, à l'occasion de deux matrices de Sceaux en bronze de notre collection que nous attribuions à Jean IV et à Jean V de Bueil, et d'un *ex voto* en marbre blanc ou en albâtre donné au musée archéologique de la ville du Mans dont nous avons l'honneur d'être conservateur, par M. Ruillé, inspecteur des forêts dans cette ville.

Nous avions fait remarquer que, d'après les armoiries sculptées sur la face du socle de cet *ex voto*, ce petit monument qui portait avec lui un caractère d'époque bien déterminé, devait avoir été élevé par *la veuve de Jean V*, dans l'intervalle de 1474 à 1480, ce qui est resté avéré.

Seulement, par une erreur matérielle qu'on s'expliquerait difficilement, si nous ne disions qu'elle provient d'une note prise par un tiers et dont la fin s'est perdue, Jeanne de Montejean s'est trouvée identifiée à tort avec la veuve de Jean V, tandis que cette veuve est bien réellement Martine de Turpin-Crissé, d'après tous les historiens de la maison de Bueil; dès lors les armoiries de l'*ex-voto* s'expliquent le plus naturellement du monde; elles sont parties de Bueil et d'un *losangé* ou d'un *fuselé* dont les émaux ne sont pas visibles; mais comme les Turpin-Crissé portent losangé ou fuselé d'argent et de gueules, il est de toute évidence que nous avons leurs armes dans la partition sénestre de notre *ex-voto* (1).

Avant ce premier travail, nous ne nous étions jamais occupé de la famille de Bueil; c'est ce qui explique comment nous avons pu alors utiliser des documents incomplets et devant engendrer, à notre insu, une erreur regrettable. Toutefois, comme nous avons éprouvé une certaine satisfaction à évoquer ces belles et grandes figures, que d'un autre côté, nous savions qu'il avait été découvert, dans l'église de Bueil, par MM. Pécard et Nobilleau, des statues bien conservées des sires et dames de Bueil, nous nous sommes promis d'aller sur les lieux dessiner rapide-

ment et reproduire les effigies tombales, les boiseries armoriées, et les inscriptions que nous savions y exister; mais ce n'était pas assez pour notre ardent désir de bien faire, et nous avons projeté de nous rendre au Cabinet des estampes et des titres de la Bibliothèque nationale de la rue Richelieu, pour y compulser les recueils où nous savions que nous trouverions de nombreux sceaux inédits émanés des personnages qui devaient nous occuper, des quittances d'appointements signées de Jean V, de Martine Turpin, et enfin des reproductions des tombeaux de Jeanne de Montejean, de Pierre de Bueil, de Marguerite de Chausse sa femme, et de Louis de Bueil, émanées de l'infatigable Gaignières.

Ces diverses excursions se sont accomplies à notre entière satisfaction, grâce à l'extrême obligeance de M. Léopold Delisle, administrateur général de la Bibliothèque nationale et au bienveillant empressement de M. Nobilleau, qui n'a cessé de nous prêter l'appui d'une bonne volonté à toute épreuve. Que ces messieurs veuillent bien recevoir ici l'expression de notre vive et sincère gratitude.

Ces deux voyages étaient indispensables, même pour utiliser les documents mis à ma disposition par M. Mégret-Ducoudray qui, de longue date, était familier avec les questions historiques et héraldiques relatives à la famille de Bueil.

Je les ai faits un peu tard, je le regrette; mais enfin, sans dire comme le conquérant des Gaules *« veni, vidi, vici »*, je dois avouer que la vue des tombeaux de Bueil m'a ouvert des horizons nouveaux et me permet de présenter à nos collègues de la Société française d'Archéologie des documents plus intéressants, plus neufs et plus précis que je n'eusse pu le faire, il y a quatre ans.

En effet, le tact archéologique ne s'exerce pas à distance

---

(1) Une nouvelle complication survenue depuis la publication de notre article menaçait de perpétuer les erreurs; on lit dans le *Bulletin de la Société archéologique de Touraine*, du 1er trimestre de 1873, une courte notice dans laquelle un obligeant confrère cherche à expliquer notre erreur matérielle en supposant que nous avons manqué de précision en reproduisant les armes de la veuve de Jean V et qu'au lieu du *losangé* de Martine Turpin, il faut voir sur notre *ex-voto* le *fretté* de Jeanne de Montejean.

Je comprends parfaitement l'observation et j'en suis reconnaissant à l'auteur; ces questions de blasons sont souvent très-subtiles et peuvent donner lieu à des erreurs de ce genre; mais j'avais l'édicule sous les yeux et une telle confusion n'était pas possible.

À distance, au contraire, ces sortes de méprises peuvent se commettre, ainsi M. Mégret-Ducoudray, tout en redressant aisément mon erreur matérielle, en commet une d'appréciation plus préjudiciable peut-être, parce qu'elle ne peut être corrigée qu'au vu des lieux. Ainsi suivant lui (Conf. Lettre à M. Hucher, dans les *Notes sur les sires de Bueil. — Bulletin de la Société archéologique de Touraine*, 1er et 2e trimestres de 1875, page 223), « le tombeau, de Martine Turpin, restauré en 1850, « et placé actuellement dans l'église de Bueil, est orné à chaque « extrémité d'un écusson parti de Bueil et de Turpin-Crissé, « exactement semblable à celui du socle de l'*ex-voto*, que vous « avez si fidèlement reproduit. »

Eh bien! cette assertion, je regrette beaucoup de le dire, est fausse. Les armes du tombeau restauré, sont celles de Jeanne Montejean comme nous allons le démontrer. Nous ne signalons pas ce fait bizarre, pour le plaisir de constituer M. Mégret-Ducoudray en erreur évidente, nous le disons uniquement pour constater une fois de plus combien ces sortes d'erreurs héraldiques sont faciles à commettre et combien il faut de circonspection pour ne pas s'exposer, par des publications prématurées, à propager des faits erronnés.

Évidemment, si nous avions publié en 1873, comme M. Mégret-Ducoudray nous le demandait, la lettre que nous adressait notre spirituel correspondant, nous aurions reproduit de confiance son erreur, car il nous était impossible de vérifier le fait et il en a été de même pendant les années suivantes. Il est vrai que M. Mégret-Ducoudray pressé de donner de la publicité à sa lettre, a devancé notre visite à Bueil qui n'a eu lieu que cette année; nous regrettons beaucoup de n'avoir pu le prévenir à temps de sa singulière erreur, contre-partie de celle de l'auteur de la note du *Bulletin de la Société archéologique de Touraine*, de l'année 1873.

et sur la foi d'autrui, quelque bien renseigné qu'on soit. Il fallait voir et toucher les statues, les tombeaux, les sceaux, les boiseries, les inscriptions qui existent à Bueil et à Paris. C'est au contact de tous ces objets que nous avons élaboré le travail qui va suivre et pour lequel nous sollicitons toute l'indulgence de nos lecteurs.

Trois statues en ronde bosse peintes autrefois, sauf les têtes qui sont en marbre blanc, existent aujourd'hui gisantes dans la sacristie de la petite église de Bueil; l'une d'elle a gardé sa tête, c'est celle de Jeanne de Montejean, si remarquable par son grand hennin. Une quatrième, venue du Plessis-Barbe et d'un travail très-inférieur, comme nous le dirons plus loin, est depuis 1830 seule-

ment dans l'église collégiale de Bueil, à droite, sous une arcature, un *retrait* comme on disait au moyen âge. Cette dernière n'a rien de la grâce et de l'intérêt historique qui recommandent les trois autres, lesquelles sont tout simplement des joyaux archéologiques du plus haut prix.

Disons que cette dernière représente, croit-on, Martine Turpin, la veuve de Jean V, bien que le cénotaphe sur lequel elle est placée, offre à ses deux extrémités les armoiries de Jeanne de Montejean.

Voici un croquis rapide de ce tombeau qui n'en donne qu'une idée sommaire, mais suffisante cependant pour nos études.

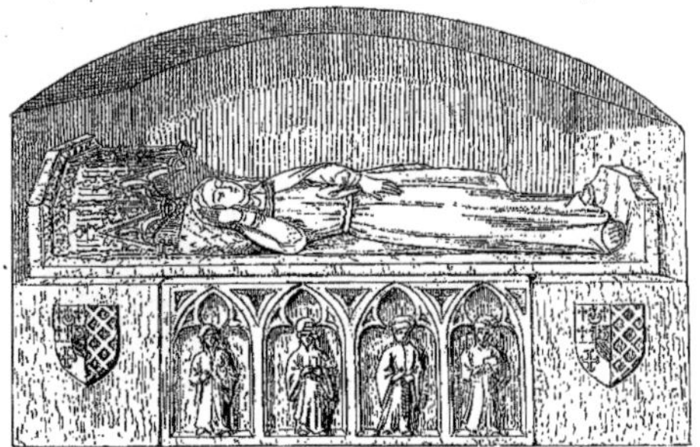

Tombeau prétendu de Martine Turpin, veuve de Jean V de Bueil.

Martine Turpin fut enterrée au Plessis-Barbe et lorsque cette antique demeure des Bueil fut démolie par M. V..., ancien notaire au Mans, la statue de Martine fut apportée à Bueil et restaurée par les soins et sous la direction de M. Guérin, architecte diocésain, M. l'abbé Chehère, étant curé de la paroisse.

Cette statue, que nous avons examinée avec soin, est en pierre tendre de tuffeau; l'exécution en est sommaire et systématique, la robe est tout entière couverte de pois en léger relief, sans aucune trace d'armoiries, une ceinture serre la taille et y fait faire des plis comme aux statues antiques, c'est un travail de maçon plutôt que de statuaire. La tête a été refaite en plâtre, en 1850, très-probablement par un sculpteur ignorant des plus simples notions des arts du dessin, les yeux sont fermés contrairement à ce qui s'était pratiqué jusqu'ici pour les statues des Bueil qui ont tous les yeux ouverts.

A la même époque, sans doute, on a refait les pieds qui ont été modelés nus, inconvenance qu'on a peine à s'expliquer. Une des mains de la statue relève son manteau, l'autre paraît soutenir la tête ou écarter ses longs cheveux. Enfin une plate-forme existe sous ses pieds comme si le personnage avait été primitivement adossé à un mur, circonstance qui aurait pu s'être réalisée si réellement, comme la tradition le veut, cette statue était celle de sainte Madeleine.

La seule chose qui dénote un travail de la fin du XVe siècle, c'est la *double* et *longue* attache du manteau identique à celle de tous les personnages féminins du temps, par exemple à celle d'une des patronnes d'Anne de Bretagne, dans la miniature du manuscrit de ses heures (1).

Nous ne faisons donc pas de doute que la statue ne soit de cette époque, et comme Martine Turpin est morte entre 1477 et 1480, cette statue a pu lui être attribuée; mais évidemment une main maladroite s'est appesantie sur elle et on a cherché à la transformer en sainte Magdeleine, en lui mettant les pieds nus et en allongeant ses cheveux.

(1) Cf. La représentation de cette miniature, donnée par M. Ambroise Firmin-Didot dans le volume de la *Vie militaire et religieuse au moyen âge*, par M. Lacroix.

Toutefois, par un contre-sens choquant, on lui a donné l'aspect d'une personne endormie, ce qui s'accommode mal avec la plate-forme destinée à la faire tenir debout.

Ajoutons que les quatre statuettes de la partie inférieure du cénotaphe sont de la fin du XIVe siècle ou du commencement du XVe, de même que le vaste pinacle qui abrite sa tête; de sorte que ces deux membres du tombeau de Martine Turpin sont certainement de quatre-vingts ou cent ans plus vieux que la statue et doivent provenir du tombeau de Jean IV ou de quelque autre Bueil son contemporain.

Quant aux deux blasons de Jeanne de Montejean qui *décorent,* nous allions dire qui défigurent les deux côtés du cénotaphe, ils proviennent, sans nul doute, du tombeau de Jeanne de Montejean et ils n'ont pu être adaptés à celui prétendu de Martine Turpin que par suite d'une erreur regrettable qui ne paraît pas avoir été encore reconnue puisque notre correspondant croit sincèrement que ces deux blasons sont ceux de Martine Turpin. Nous pouvons certifier qu'il n'en est rien, non-seulement ces deux blasons sont ceux de Jeanne de Montejean, mais il est évident qu'ils ne sont pas taillés dans la même pierre que le reste du cénotaphe qui est en pierre assez dure, tandis qu'ils sont sculptés dans une pierre jaune très-molle.

En résumé, ce tombeau n'est pas digne de rester dans la nécropole des Bueil, il devra être remanié de toutes pièces, si toutefois on juge qu'il en vaille la peine, car ce qui reste de l'effigie de Martine Turpin, si même cette statue l'a jamais représentée, est vraiment insignifiant.

Revenons à nos joyaux réellement historiques.

Les trois statues peintes de la sacristie offrent deux effigies de femme et une d'homme.

La plus curieuse est incontestablement celle de Jeanne de Montejean, au sujet de laquelle il ne peut y avoir le moindre doute.

Cette statue porte sur la robe les armes irrécusables de Jeanne de Montejean, première femme de Jean V, savoir une partition de Bueil et d'Avoir, avec la moitié du sur-le-tout d'Auvergne et de Sancerre, et une autre partition d'or fretté de gueules qui est évidemment de Montejean. Nous ne pensons pas qu'il puisse y avoir à cet égard la plus légère incertitude et ce n'est pas à cette statue, croyons-nous, que s'applique l'observation de M. de Galembert lorsqu'il dit dans le *Bulletin de la Société archéologique de Touraine* (Tome Ier, 3e et 4e trimestres de 1870, pages 338 à 340).

« Examinant ensuite les signes héraldiques qui se
« trouvent sur l'une de ces statues, M. de Galembert les
« analyse, les définit et en conclut que l'une des femmes
« figurait Marguerite Dauphine, femme de Jean IV de
« Bueil, et mère de Jean V, comte de Sancerre, amiral de
« France. »

Cette assertion devait s'appliquer, dans la pensée de M. de Galembert, observateur précis et plein de tact, à l'autre statue de femme dont la face très-accentuée et

très-finement traitée est aujourd'hui au musée archéolo-

Statue tombale de Jeanne de Montejean, première femme de Jean V de Bueil.

gique de Tours et que nous avons reproduite ci-devant sous le n° 3.

Voici cette statue (page β).

On remarque en effet sur la robe de cette femme un blason mi-parti non plus de Bueil et d'Avoir, mais dans lequel l'écart d'Avoir occupe la première place, comme il arrive dans plusieurs sceaux de Jean IV et de Pierre de Bueil; la seconde partition offre des armes peu connues et d'une détermination difficile, mais où l'on retrouve un champ d'argent à trois fasces de gueules chargées, chacune, de deux roses. On n'en voit qu'une lorsqu'on regarde la statue en face, mais il en existe une autre sur le côté que nous n'avons pu naturellement représenter.

Ce blason ne s'applique précisément à aucune famille aujourd'hui connue.

Comme quelques auteurs ont donné à Béraud, dauphin

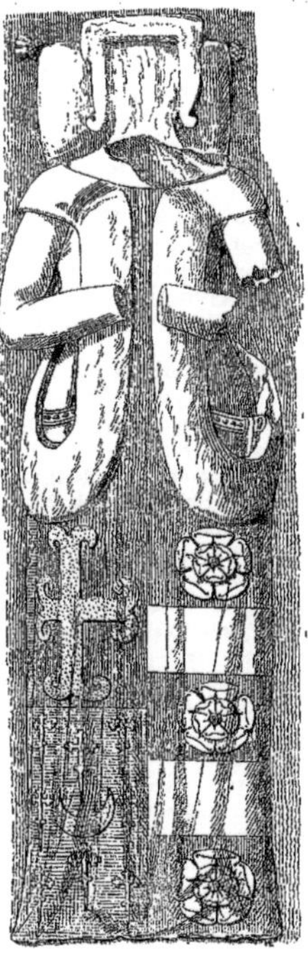

Statue tombale de Marguerite de Chausse, femme de Pierre de Bueil.

d'Auvergne, des armes dans lesquelles figure une fasce de gueules en champ d'argent, on a pu penser que cette statue représentait Marguerite Dauphine, femme de Jean IV.

Il est certain que cette statue est plus ancienne que celle de Jeanne de Montejean. Le surcot y a plus d'ampleur et rappelle mieux le costume du XIVᵉ siècle, la coiffure carrée est de cette époque, enfin l'absence du sur-le-tout,

ainsi que la priorité donnée à l'écart d'Avoir, tous ces motifs plaident en faveur de l'attribution de cette statue à une femme ayant vécu à la fin du XIVᵉ siècle ou au commencement du XVᵉ. Mais nous ne pensons pas qu'il s'agisse de Marguerite Dauphine, les armes s'y opposent.

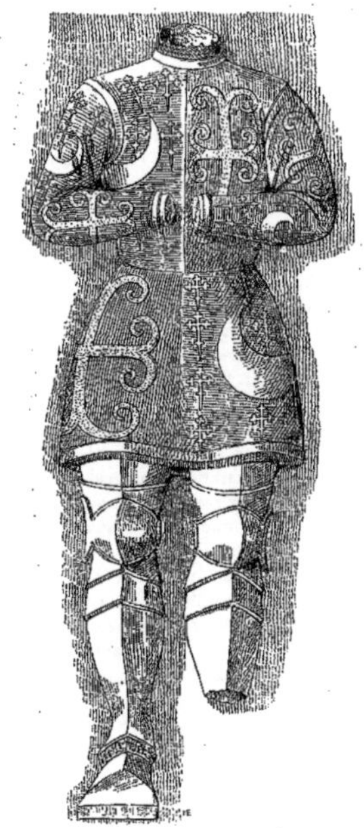

Statue tombale de Pierre de Bueil, époux de Marguerite de Chausse.

Peut-être faudrait-il voir ici Marguerite de Chausse, qui aurait été la seconde femme de Pierre de Bueil, d'autant que nous allons retrouver ce dernier personnage dans la statue d'homme privée de tête qui existe dans la sacristie de Bueil.

M. de Galembert, qui s'était transporté en 1870 dans l'église de Bueil, et qui avait examiné avec soin cette statue d'homme, s'exprimait ainsi : « Quant au chevalier, il peut « y avoir hésitation. M. de Galembert est d'avis que ce « doit être Jean IV de Bueil, tué à la bataille d'Azincourt, « plutôt que Jean V ; mais incontestablement il faut y « voir l'un ou l'autre. » A cette époque M. de Galembert ne connaissait pas le dessin de Gaignières reproduisant le tombeau de Pierre et de Marguerite de Chausse dont nous allons parler.

Voici cette statue. On remarquera d'abord qu'elle ne porte pas dans les armoiries peintes de la cotte d'armes, le sur-le-tout de Sancerre et de Dauphiné, donc ce ne peut être Jean V. Ce n'est pas non plus Jean IV qui portait, à sa mort les armes pleines de Bueil; or celles-ci sont brisées d'une bordure d'or qui est visible au col, au bas de la cotte, et aux épaules, car le blason est répété quatre fois.

Cette bordure annonce un puîné et nous démontrerons plus loin que Pierre de Bueil l'a fait figurer dans tous ses sceaux, donc encore ce ne peut être Jean IV; mais c'est inconstestablement son frère Pierre de Bueil, car on ne saurait ni rajeunir ni vieillir le personnage dont le costume appartient bien à la fin du xive siècle ou au commencement du siècle suivant.

Or, Pierre, qui est mort en 1414, porte sur tous ses sceaux, et il en a eu plusieurs, comme nous allons le voir, les armes de Bueil écartelées de celle d'Avoir, ou ces dernières écartelées de Bueil. Dans mon premier travail, j'ai voulu expliquer la priorité donnée quelquefois à l'écartelé d'Avoir sur celui de Bueil, en disant que le blasonnement de l'écu avait peut-être eu lieu sur une matrice de métal où les partitions sont naturellement renversées. Cette remarque s'appliquait aux sceaux de Jean IV et pouvait être un accident; mais comme nous retrouvons cette bizarrerie sur ceux de Pierre de Bueil et sur la robe de Marguerite de Chausse, sa femme, on doit dès lors conclure que l'écart d'Avoir pouvait alterner au premier canton avec celui de Bueil (1), d'abord à raison de la haute position de Pierre d'Avoir et des grands avantages que cette alliance avait procurés aux Bueil, et ensuite par un laisser-aller admis dans la famille.

Maintenant que nous avons esquissé à grands traits les motifs divers qui se sont produits depuis 1870, en faveur de telle ou telle opinion, concernant les statues de Bueil, disons quelques mots de l'église même et de sa collégiale.

(1) M. Mégret-Ducoudray croit pouvoir expliquer ce fait d'abord en supposant que notre dessin du sceau de Jean V aurait été exécuté sur la matrice de ce sceau, ce qui est matériellement impossible : les creux des sceaux matrices ne se prêtant pas au dessin ; et ensuite en faisant remarquer que tous les sceaux de Jean III qui offrent Avoir au 1er et au 4e canton étant antérieurs à la mort de Pierre d'Avoir, on peut voir dans ce fait une flatterie envers ce dernier, mort seulement en 1390 ; mais en présence du blason de Marguerite de Chausse morte à coup sûr dans le xve siècle, et surtout de la belle boiserie aux armes de Martine Turpin qui n'est certainement pas antérieure à la seconde moitié du xve siècle, cet argument perd toute sa force, et on doit conclure que la position des écarts de Bueil et d'Avoir n'a jamais été réglée et que les membres de la famille de Bueil se sont, jusque la fin du xve siècle, prêtés à l'alternance signalée.

Bueil est une petite localité du département d'Indre-et-Loire, située non loin de Neuvy-Roy, de Saint-Paterne et de Dissay-sous-Courcillon.

Voici ce qu'en dit le R. P. Martin Marteau, qui s'intitule prédicateur carme tourangeau, dans son curieux ouvrage : *Le Paradis délicieux de la Touraine*. Paris, Louis de la Fosse, MDCLXI.

Folio 70, « de Bueil, Neuvy et autres. »

« A une petite demie lieue de Villebourg, tirant vers l'orient, est situé le célèbre et noble bourg de Bueil, qui porte le nom des très-illustres comtes de Sancerre et de Maran, qui y ont fait bâtir autrefois une très-belle église collégiale où ils ont marqué leurs sépultures, comme nous dirons autre part. Proche de Bueil est une maison desdits comtes, mais ils n'y séjournent point, faisant leur demeure ordinaire au chasteau de Val-Joyeux, dit Vaujours, à quatre lieues de là, pour avoir le plaisir de la chasse, dans une grande et belle forest qui entoure ledit chasteau, ou bien ils séjournent à Vouvray, sur la rivière du Loir... Dans Bueil, est la gentille maison du Plessis-Barbe. »

Le Père Martin Marteau s'exprime ainsi au folio 54, du *Second parterre* ou seconde partie du Ier tome du *Paradis délicieux de Touraine*, au sujet de la collégiale de Bueil, qu'il avait vue dans sa splendeur.

« Or, les comtes de Sancerre et de Maran ont autrefois fait bâtir, à Bueil, une église collégiale de chanoines, dans laquelle ils ont marqué leurs sépultures ; comme font encore foy les superbes tombeaux et la cave, *où leurs corps reposent dans du plomb, sur des tresteaux qui y paressent.*

« Ladite église possède de très-précieuses reliques, qui la rendent signalée par les pèlerinages des personnes qui y accourent de toutes parts; particulièrement un beau morceau de la vraie croix, une phiole du laict de la sainte Vierge, un berceau des saints Innocents, tuez par Hérode, *où il y en trois,* huit chefs de saints inconnus, excepté un des trois Rois qui vinrent adorer Nostre-Seigneur, de sainct Didier ou Disier, de sainte Colombe et de saint Marcou, abbé et confesseur, que défunt M. Louis de Viau, seigneur de Dissay, y a apporté de saint Disier sur les frontières de la Lorraine, revenant victorieux avec M. Louis de Bueil, comte de Sancerre, d'une bataille contre l'empereur Charles-le-Quint.

« Il y a aussi le dentier de sainte Appoline, un os de sainte Marguerite et plusieurs autres reliques que les seigneurs de Bueil y ont apportées, en retournant, chargez de palmes et de lauriers, des signalés combats qu'ils ont entrepris pour la gloire de Dieu, le soustien de la religion catholique, et le service du Roy, dont *quantité de viels drapeaux, attachez aux murailles de ladite église, en rendent asseuré tesmoignage.* Enfin, dans l'église paroissiale, il y a une partie du chef de saint Blaise. »

Cette citation est un peu longue, mais nous avons voulu conserver au style un peu enthousiaste du bon père Marteau toute sa saveur. D'ailleurs, le Révérend Père n'était pas tenu d'être archéologue en plein XVIIᵉ siècle; à ce moment tous ces morts illustres, toutes ces tombes armoriées reposaient en paix, ceux-ci dans des cercueils de plomb sur des tréteaux, celles-là dans le chœur ou les bas-côtés de la collégiale, et l'on était loin de penser qu'un jour, nous, les enfants du XIXᵉ siècle, nous viendrions chercher, dans la poussière, les débris mutilés de ces illustres guerriers et démêler à grand'peine leur identité problématique.

Sans cela, le bon père aurait songé à nombrer au moins ces magnifiques tombeaux, si même il n'eût pas pris la peine de nous laisser les noms des personnages dont ils marquaient la sépulture.

Ce que le Père Martin Marteau n'a pas fait, deux célèbres chercheurs, Gaignières et Dom Housseau, qui ont vu aussi l'église de Bueil dans tout son luxe, ont essayé de nous laisser un aperçu des tombes au moins les plus anciennes qui décoraient ce sanctuaire.

Le *Cabinet des titres* de la Bibliothèque nationale a conservé, dans le dossier *Bueil*, deux dessins de ces tombes : l'un représente ou plutôt est censé représenter Jeanne de Montejean, première femme de Jean V, sire de Bueil et comte de Sancerre.

10

Nous disons *est censé représenter*, car on ne peut rien voir de plus incorrect et de moins satisfaisant que ce dessin.

Que l'on veuille bien comparer cet informe dessin avec notre effigie de Jeanne de Montejean, et on aura peine à se figurer l'identité des deux personnages; en effet, le hennin à deux cols emplumés de cigne, qui couvre la tête de Jeanne, et rappelle le cimier des armes de son mari, est à peine indiqué, ou réduit à des proportions minimes; le surcot qui dessine si élégamment la taille de la comtesse est absent; enfin, faute impardonnable pour un archéologue, le mi-parti de Montejean qui décore la cotte et sert surtout à identifier la statue, manque totalement. Il n'est pas jusqu'au chien qui, dans sa position assise, ne détonne fortement avec l'original.

Mais ce qu'on peut tirer de ce mauvais dessin, c'est la certitude que notre belle Jeanne de Montejean était abritée par un pinacle et qu'une galerie de petits personnages priant garnissait un des côtés apparent du cénotaphe; il est probable que de l'autre côté se trouvaient trois ou quatre écus, mi-partis de Bueil et de Montejean, puisque, encore aujourd'hui, nous retrouvons deux de ces écus sur le cénotaphe remanié et, oserons-nous dire, restauré, de Martine Turpin.

En vérité, les architectes de la commission des monuments historiques, qui blâment si vertement les travaux de province qui ne sont pas exécutés sous leur direction, ont parfois beau jeu dans leurs récriminations; mais, hâtons-nous d'ajouter que la restauration prétendue du tombeau de Martine s'accomplissait en 1850, et qu'à cette époque on a pu confondre, puisqu'on l'a fait de nos jours encore, le blason des Montejean avec celui des Turpin. Du reste, les fautes et les erreurs sont de tous les temps, et aujourd'hui encore on relèverait des solécismes et même des barbarismes dans les pastiches plus ou moins habiles des artistes parisiens.

Il a été trouvé, à l'époque où MM. Pécard et Nobilleau déterrèrent la statue de Jeanne de Montejean, trois petits anges, dont l'un porte un blason mi-parti et les deux autres des phylactères. Le blason est celui de cette dame. Voici la figure exacte de cet angelot (n° 11).

M. Nobilleau, qui en avait fait l'acquisition au moment de sa découverte, l'a donné au musée de la Société archéologique de Touraine, qui le possède aujourd'hui.

Il est probable que, accosté de deux autres, était placé sous la tête de Jeanne de Montejean, dans la partie du cénotaphe qui fait un retour d'équerre, car l'autre face sous les pieds du personnage n'a, suivant le dessin ci-dessous, que des arcatures sans figures.

Gaignières a ajouté à son dessin une note explicative, qui fournit quelque lumière sur la situation de cette

11

tombe, sur celle de Jean V, mari de Jeanne, et sur celle de Louis de Bueil, frère puîné de l'amiral.

Voici cette note,— elle porte le n° 54. *« Dans l'église collé-giale de Bueil, sur la droite au milieu du chœur, entre le balustre et les chaises des chanoines, est un grand tombeau de pierre, élevé de trois pieds et demy, sur lequel est repré-sentée une femme couchée, derrière la teste de laquelle est un ornement en forme de couronne, au derrière duquel est escrit :*

« Cy gist Jehanne de Montejehan, dame de Bueil, com-tesse de Sancerre, admirale de France ; priez Dieu pour l'âme d'icelle, s'il vous plaist. »

Une autre, sous le n° 55, est ainsi conçue : « Au milieu du sanctuaire du grand autel de l'église collégiale de Bueil, est écrit sur une grande tombe de cuivre :

« Cy-gist sous cette tombe, Messire Jean de Bueil dont Dieu ait l'âme, chevalier, comte de Sancerre et baron de Chasteaux en Anjou, mary de feue dame Jeanne de Mon-tejean, frère aisné germain de feu Louis de Bueil, baron de Marmande, qui gist auprès de luy, dont vous voiez les sépultures, lesquels, vous présent, supplie et requère qu'il vous plaise prier Dieu pour l'âme d'eux ; lequel trépassa, le…, jour de…, mil quatre cent… »

Enfin, une troisième note, sous le n° 56, porte : « *Dans l'église de Bueil* une plaque de cuivre jaune, proche le marchepied du maître-autel , chargée d'une figure d'homme qui est Jehan de Bueil, comte de Sancerre et dame Jeanne… mort 1400, ayant les bras croisés ; les armes de Bueil aux quatre coins de la plaque. »

Ces trois notes nous donnent de précieux renseigne-ments, d'abord sur le tombeau de Jeanne de Montejean qui, comme on le voit, était pourvu d'une inscription, aujourd'hui absente, puis sur celui de Jean V, qui, chose remarquable, n'était recouvert que d'une plaque en laiton avec l'effigie gravée en creux de l'amiral et une longue inscription burinée tout autour. Il est surprenant que le plus célèbre des Bueil n'ait pas eu sa statue en ronde-bosse couchée sur son tombeau comme celles de Jeanne de Montejean, que le vaillant chevalier avait fait sculpter de son vivant avec tant de soin ; faut-il accuser ici Martine Turpin qui pourtant devait jouir d'une grande aisance, ou a-t-on considéré que la plaque de cuivre était un hommage plus princier et plus digne de la haute situation de l'ancien amiral de France ?

La note n° 55 parle du tombeau de Louis de Bueil, frère puîné de l'amiral.

Le dessin sommaire de ce tombeau existe au dossier Bueil, du cabinet des titres, nous le donnons ci-dessous.

Le chevalier, les mains jointes, est sculpté en ronde-bosse, il est revêtu d'une armure et ne porte pas de cotte d'armes. Mais son blason trois fois répété est sculpté sur la face antérieure du cénotaphe.

On remarquera que Louis de Bueil brisait ses armes d'un lambel à trois pendants ; son frère aîné l'amiral por-tant les armes pleines de Bueil.

Louis de Bueil mourut prématurément à Tours, des suites d'un tournoi, en 1446.

Sa tête était abritée sous un pinacle ; d'un côté était son heaume avec lambrequins, de l'autre, un carquois rempli de flèches. Que signifie ce dernier accessoire ? Est-il une allusion à sa mort prématurée ou à une fonction quelconque qu'il aurait occupée dans le corps des arbalétriers ?

On voit, par ses armes trois fois répétées, qu'il n'avait pas plus attendu que Jean V, l'introduction dans la famille du comté Sancerre remontant seulement à 1453, pour prendre, comme ce dernier, le sur-le-tout de Cham-pagne et d'Auvergne, que Jean IV, époux de Marguerite Dauphine ne porta jamais. Nous verrons plus loin, au contraire, que tous les sceaux de Jean V offrent ce sur-le-tout, même avant 1453.

Le dessin de Gaignières est accompagné d'une note pré-cieuse, indiquant la situation du tombeau de Louis Bueil.

Cette note est ainsi conçue : « Dans l'église collégiale de Bueil, à gauche, au milieu du chœur, du costé des chaises des chanoines, est un grand tombeau sur lequel est représenté un seigneur, que l'on croit être Louis de Bueil, baron de Marmande. Il est armé et ses armes bri-sées d'un lambel. »

Il ne nous reste plus rien de ce tombeau, si ce n'est peut-être la tête en marbre du personnage. Cette tête est d'un grand caractère, c'est celle qu'on attribue quelquefois à Jean V, par erreur sans doute, puisque ce dernier n'a pas eu de statue sur son tombeau, qui était couvert d'une plaque de laiton; nous l'avons figurée sous le n° 1er. Il paraît qu'il existe une tradition, d'après laquelle le tombeau de Louis de Bueil était le plus soigné de tous.

12

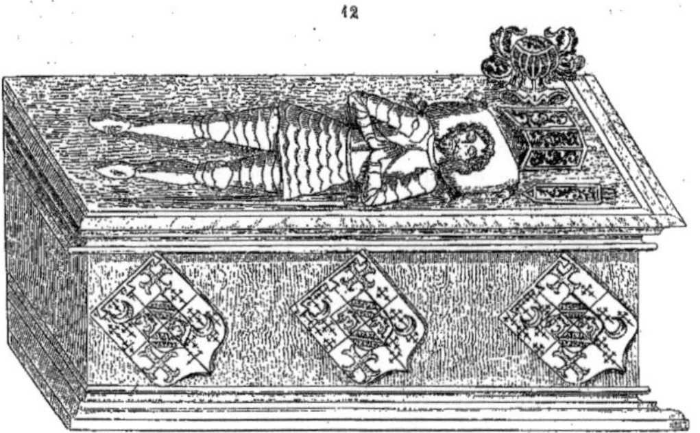

Tombeau de Louis de Bueil.

C'est ce qui justifierait, dans une certaine mesure, l'attribution à ce personnage de la belle tête dont nous parlons. Le cabinet des titres ne possède pas d'autre dessin, et il faut aller chercher le troisième au cabinet des estampes, dans le supplément de Gaignières, intitulé : *Anjou et Touraine.*

Ce troisième dessin, qui n'est pas plus soigné, ni plus exact que les deux précédents, offre deux personnages, un homme et une femme couchés, les mains jointes.

13

Tombeau de Pierre de Bueil et de Marguerite de Chausse, sa femme.

Le chevalier porte une cotte d'armes, aux armes de Bueil; la dame est vêtue d'un surcot et sa jupe est armoriée comme celle de la dame de Montejean, aux armes de Bueil seulement, sans indication aucune de la partition féminine. Dès lors, rien n'indique l'identité de ces personnages. Mais une longue note de Gaignières fait connaître que ce tombeau est celui de Pierre de Bueil et de Marguerite de Chausse, sa femme.

Voici cette note tout entière, qui relate en même temps la teneur d'une inscription gothique, du premier tiers du xv⁰ siècle, aujourd'hui clouée au mur de la sacristie :

« Dans l'église collégiale de Bueil, à main droite, dans le chœur, est un grand tombeau enclavé dans le mur (1), de même hauteur, sur lequel sont couchés un homme et une femme. L'homme est armé et des écussons autour (2), avec cette épitaphe :

« Cy gist Pierre de Bueil, chevalier seigneur du Bois et de la Mothe de Sonzay, lequel trépassa l'an 1440, le...

« Cy gist dame Marguerite... Sa femme, laquelle trespassa l'an 1400... Priez pour l'âme d'eux.

« Et à costé dudit tombeau est escrit sur un marbre en lettres gothiques ; ce marbre attaché au mur avec des pattes :

« L'an 1380, Pierre de Bueil, chevalier, et Marguerite de Chausse, sa femme, commencèrent le chastel du Boys. Et pour lors estoient en vie révérend père en Dieu, Hardouin de Bueil, evesque d'Angers, Jehan de Bueil, chevalier seigneur de Bueil, de Monthesour, de Chasteaux-Fromont, de Pocé, de Saint-Bralès, de la Motte, Courcillon et autres lieux, Guillaume de Bueil, chevalier de Valaines, Marguerite de Bueil, dame de Vivenne, Marie de Bueil in o et estoient les dessus dits seigneurs et dames, frères et sœurs dudit Pierre de Bueil, père de Marie de Bueil, dame de Fontaines-Guérin et oncle de Jean de Bueil, chevalier, de Jehanne de Bueil, dame de l'Isle-Bouchard, de Marie de Bueil, dame de Passavant et de Catherine de Bueil, enfants dudit sire de Bueil, et fut ledit lieu du partage du Bueil. »

Cette note est un peu longue, mais elle a une grande importance, parce qu'elle donne à la personnalité de Pierre de Bueil, une physionomie toute nouvelle.

En effet, on est forcé, après l'avoir lue, de conclure qu'il n'a jamais existé qu'un seul personnage du nom de Pierre de Bueil, le héros légendaire, celui dont les historiens et les trouvères ont célébré les exploits, contrairement aux listes généalogiques du père Anselme, qui admettent un Pierre II.

Il en résulte, en effet, que le Pierre de Bueil, dont il est question dans cette inscription était frère de Jean IV, de Hardouin et de Guillaume, et comme il s'identifie dans cette inscription, avec l'époux de Marguerite de Chausse, on est forcé d'admettre la suppression du personnage qu'on a appelé, à tort, Pierre II, et auquel on a donné sans motif pour

femme Marguerite de Chausse, ou mieux de La Chaussée.

On est conduit, par suite, à supposer qu'Anglésie de Lévis, ou n'a pas existé comme femme de Pierre de Bueil ou qu'elle a été sa première femme.

Ceci posé, il n'y a plus aucune difficulté à identifier les personnages représentés et dénommés par Gaignières, avec les deux statues d'homme et de femme que nous avons figurées sous les nᵒˢ 8 et 9.

Ces deux statues sont évidemment celles de Pierre de Bueil et de Marguerite de Chausse, qui reposaient autrefois sur une vaste table de marbre noir, bordée de l'inscription citée incorrectement par Gaignières ; nous disons incorrectement, parce que cette inscription existe encore aujourd'hui entourant cette table de marbre, et qu'il est facile de voir qu'elle ne porte pas le chiffre 1440, qui serait la date de la mort, non pas de Pierre Iᵉʳ, que nous savons être décédé en 1414, mais d'un Pierre II imaginaire, frère présumé de Jean V.

Voici l'inscription de la tombe de Pierre Iᵉʳ, telle que nous l'avons relevée, en novembre dernier, dans notre visite à l'église de Bueil ; elle est placée dans une crypte sous le chœur :

« Cy gist Pierre de Bueil, chevalier seigneur du Boys et de la Mote de Sonzay, lequel trespassa le... l'an cccc....

« Cy gist dame Marguerite... Sa femme laquelle dame trespassa l'an... mil cccc...

« Priez Dieu pour l'âme d'eulx. »

On voit que la date de la mort de Pierre n'est pas plus précisée que celle de sa femme, il y a une amorce, mais rien de plus.

Les lettres de l'inscription sont longues et serrées, c'est-à-dire anciennes et antérieures à celles de l'inscription de la plaque de marbre, qui paraît cependant remonter assez haut dans le xv⁰ siècle, puisqu'on y parle de Jehan V, chevalier, et encore jeune croyons-nous, lorsqu'on dit : « Frères et sœurs dudit Pierre de Bueil, père de Marie de Bueil, dame de Fontaines Guérin et oncle de *Jehan de Bueil, chevalier.* »

Ce Jehan de Bueil ne peut-être que Jean V ; et s'il eût été alors comte de Sancerre, et surtout amiral de France, on n'eût pas manqué de mentionner ces titres.

Il est donc très-probable que cette plaque de marbre, rédigée et gravée tout au plus trente ans après la mort de Pierre, arrivée en 1414, mais nécessairement après l'an 1443 (1), date du testament de Marguerite de Chausse, d'après le père Anselme, donne des notions correctes sur la composition de la famille de Bueil. Nous y

___

(1) Le tombeau de Pierre de Bueil et de Marguerite de Chausse était sans doute placé sous l'arcature où est maintenant le tombeau prétendu de Martine Turpin, à droite en regardant l'autel.

(2) Cette expression « et des écussons autour » semblerait donner à penser qu'au revers et aux deux bouts, l'on voyait des armoiries ; mais alors ces blasons eussent été invisibles, et il est plus rationnel de supposer que ces termes s'appliquent aux armes répandues sur toute la cotte d'armes, les bras compris.

(1) Cette date 1443 nous conduit assez loin dans le xv⁰ siècle et peut n'être pas exacte, elle peut fort bien s'appliquer à une Marguerite de la Chaussée et non de Chausse ; mais fût-elle exacte, elle pourrait encore être admise, en supposant que Marguerite fut beaucoup plus jeune que son mari ; nous voyons d'ailleurs que Hardouin de Bueil, frère de Pierre, n'est mort qu'en 1438.

reviendrons d'ailleurs, lorsque nous soumettrons à la critique, le texte de cette inscription, aussi fautive dans la transcription de Gaignières que la légende de la tombe de Pierre de Bueil et de Marguerite de Chausse.

L'erreur dont la date 1440 est entachée a, sans nul doute, influé grandement sur les listes généalogiques du père Anselme, qui écrivait dès avant 1674, date de la première édition de son grand ouvrage : l'*Histoire de la maison royale de France et des grands officiers de la couronne ;* et sur celle de la Thaumassière dans son *Histoire du Berry,* qui mentionnent tous deux Pierre de Bueil et Marguerite de Chausse, comme vivant au milieu du XVᵉ siècle, et non descendant de Jean III, mais de Jean IV.

Ces listes généalogiques étaient très-difficiles à dresser, on s'aidait de tous les documents possibles, ceux de Gaignières étaient réputés fort exacts, et ces deux auteurs n'ont fait aucune difficulté d'adopter l'hypothèse de deux personnages du nom de Pierre de Bueil, sur la foi de la transcription donnée par cet infatigable chercheur.

Mais il faut distinguer parmi ses dessins et ses notes ; il en est, je ne dirai pas de très-bons, mais de très-suffisants. Ceux de Bueil sont malheureusement les plus mauvais et les plus incorrects qu'on puisse voir. On en jugera par le rapprochement de nos deux dessins du personnage masculin et de la dame aux fasces chargées de roses, avec le dessin de Gaignières, et mieux encore par les noms des sœurs de Pierre de Bueil et ceux des localités, tels qu'ils ont été relevés dans les notes transcrites plus haut.

Ainsi au lieu de Saint-Bralès, de la Motte, il faut lire de *Saint-Bralès, de la Marchières* (Saint-Bralès étant pour Saint-Kalès, Saint-Calais, chef-lieu d'arrondissement du département de la Sarthe). — Au lieu de Marguerite de Bueil, dame de Viveinne, il faut lire : « Marguerite de Bueil, dame de la Varenne. » Au lieu de Marie de Bueil *in o,* mention tout à fait incorrecte, et qui trahit la légèreté avec laquelle cette inscription a été examinée par Gaignières ou son voyageur, il faut lire : « Marie de Bueil, dame de Crénon (1). »

Ajoutons que cette inscription, si importante pour la filiation des Bueil, a été publiée de nos jours par M. l'abbé Bourassé ; mais ce savant n'y a pas porté l'esprit de critique qu'on était en droit d'attendre de sa sagacité ; en effet, il tombe à l'égard de Marie, dame de Crénon, dans

une faute non moins grave que celle commise par Gaignières, en transcrivant : « Marie de Bueil, dame *de ce nom.* »

La date est bien indiquée telle qu'elle est en chiffres romains : « l'an mil ccc nii ˣˣ. » Mais il met « Marguerite de *Chaussé* » au lieu de « Marguerite de Chausse » sans accent. Nous admettons qu'à cet égard le doute est permis : le père Anselme a bien mis Marguerite de La Chaussée, substituant ainsi d'un trait de plume une famille à une autre, car les La Chaussée, qui sont très-connus, portent : écartelé de sable et d'argent, et les Chaussée de Normandie, d'azur à la fasce d'or accompagnée de divers meubles.

Or, nous avons ici pour Marguerite de Chausse un blason tout différent, mais, nous l'avons dit, à peu près inconnu jusqu'ici ; on ne peut donc identifier cette dame avec aucune Marguerite de Chaussée ou de La Chaussée connue.

M. Bourassé peut être repris aussi pour avoir adopté l'orthographe moderne. « Montrésor » au lieu de « Monthesour », que porte l'inscription (Mons thesauri). Enfin « Saint-Kâlès » au lieu de « Saint-Bralès, » dénomination évidemment fautive, mais qu'il fallait respecter, sauf à l'expliquer.

Le reste est bon.

Hâtons-nous de dire que nous n'aurons plus qu'à louer l'éminent archéologue dans le surplus de sa *Notice* sur l'ancienne église de Bueil, insérée page 183 du tome VII des *Mémoires de la Société archéologique de Touraine.* L'inscription ci-dessus est donnée à la page 249.

Il résulte évidemment de tout ce qui précède, qu'on ne doit pas conserver de doute sur l'identité des deux statues d'homme et de femme trouvées par MM. Pécard et Nobilleau, avec celle du tombeau de Pierre de Bueil et de Marguerite de Chausse, reproduit par Gaignières, et que, de plus, nous possédons les têtes, aujourd'hui absentes, dans le musée de la Société archéologique de Touraine. Ce sont celles reproduites sous les numéros 2 et 3. En ce qui touche Marguerite de Chausse, l'identité est certaine. La cassure du col et du sein s'adapte à merveille à celle de la statue, et la terminaison carrée de la coiffure ne laisse pas le plus léger doute ; cette tête est charmante de style et d'expression.

Quant à celle de Pierre, je ne suis pas assez édifié à son égard ; il faudrait pour acquérir une certitude abso-

---

(1) Cf. *Bulletin monument. Passim.* Marie de Bueil, dame de Crénon, est enterrée dans l'église du prieuré conventuel de Châteaux-l'Ermitage ; son tombeau, qui offre son effigie en ronde bosse, est encastré dans le mur à gauche, dans le chœur de l'église, sous une arcature qui abrite, au fond de la niche, une curieuse peinture, offrant la lignée des Crénon présentée à la sainte Vierge par les patrons de ses membres.

Cette peinture, qui était assez bien conservée pour pouvoir être calquée, a été relevée par nous, il y a une quinzaine d'années, et nous en avons fait un projet de restauration qui a été interprété avec talent par M. Jaffard, peintre ornemaniste au

Mans ; le haut de la niche, qui offrait un chœur d'anges chantant ou jouant des instruments, a été restauré par M. Renouard, le tout aux frais de la Société française, du département, et de M. le comte de Mailly.

Le tombeau de Marie de Bueil, comme celui de Pierre, offrait une inscription sculptée sur le bord de la table qui soutient la statue ; on y lisait : Cy-gyst Madame Marie de Bueil..., sœur du vaillant chevalier. Cette inscription a été facilement complétée par les mots *jadis femme de Beaudouin, sire de Crénon.* Le blason, mi-parti de Bueil et de Crénon, soutenu par deux anges, est sculpté sur la face antérieure du cénotaphe.

lue mouler la cassure du col et la rapprocher des trois têtes d'homme qui peuvent convenir à ce personnage.

La tête attribuée jusqu'ici à Pierre me paraît avoir le col trop long, et j'inclinerais plutôt en faveur du n° 4.

Cependant, ne nous hâtons pas de conclure; un simple rapprochement de moulage suffit, les originaux n'ont pas besoin d'être déplacés.

Ainsi, pour nous résumer, il existait avec certitude dans l'église de Bueil, avant la révolution de 1793 :

1° Le tombeau de Pierre de Bueil et de Marguerite de Chausse, sa femme ;

2° Celui de Jeanne de Montejean;

3° Celui de Louis de Bueil;

En tout quatre statues, dont une, moins la tête, manque aujourd'hui;

4° Une plaque de cuivre, avec gravure en creux de l'effigie de Jean V, sans statue.

Cette plaque de cuivre est sans doute celle qui est mentionnée dans le registre des délibérations du district de Neuvy-Roi, où l'on voit reproduite l'annonce apportée au cours de la délibération, que onze tombes seigneuriales, dont une de cuivre, furent enlevées de l'église de Bueil.

Il est inutile de chercher à deviner quels étaient les sept autres tombeaux. On peut cependant être certain que Jean IV, contemporain de Pierre, dut être enterré à côté ou non loin de ce compagnon de ses exploits guerriers, à moins que son cadavre n'ait pu être reconnu sur le champ de bataille d'Azincourt, où tant de guerriers du nom de Bueil ont trouvé un glorieux trépas.

Peut-être de nouvelles fouilles feront-elles découvrir d'autres statues. Cependant, les ouvriers employés par MM. Pécard et Nobilleau ont poursuivi leurs recherches jusqu'au fond du caveau, qui est dallé, et n'y ont trouvé que les ossements de trois personnages, sans doute ceux de Pierre, de Marguerite de Chausse et de Jeanne de Montejean.

Ce caveau, autrefois voûté, devait être pourvu d'un escalier qu'on n'a pas retrouvé; les ossements ont été religieusement laissés à la place qu'ils occupaient.

MM. Pécard et Nobilleau avaient été mis sur la voie de cette découverte par un vieillard de Bueil, qui avait vu enfouir ces statues en 1793.

Après avoir fait connaître tout ce que nous savions sur les statues de Bueil et avoir présenté les arguments propres à les déterminer avec certitude, nous devons dire quelques mots de l'église de Bueil, des fondations dont elle a été l'objet, et des membres de la famille de Bueil qui y ont contribué.

M. l'abbé Bourassé nous a rendu la tâche facile en ce qui concerne l'église en elle-même, et nous aurons peu de chose à ajouter à son travail intitulé : *Notice historique et archéologique sur l'ancienne église collégiale de Bueil.*

M. l'abbé Bourassé ignorait, à l'époque où il a écrit cette notice, l'existence de nos tombeaux et celle de la belle boiserie que nous allons reproduire; on lit, en effet, dans ce travail, inséré page 183 du tome VII des *Mémoires de la Société archéologique de Touraine :* « Les superbes tombeaux (faisant ici allusion au passage précité du Père Martin Marteau) qui excitaient l'admiration de l'auteur du *Paradis délicieux de la Touraine* ont été détruits à la révolution de 1789, et il n'en reste plus que des débris et deux têtes de marbre propres à faire regretter la perte de ces monuments. »

Ces deux têtes de marbre sont celles de Pierre de Bueil et de Marguerite de Chausse, M. l'abbé Bourassé le dit expressément. « Les sépultures ont été profanées, et par une amère dérision du sort, la tête de la statue en marbre de Pierre de Bueil et celle de Marguerite, sa femme, morts l'un et l'autre vers 1400 (1), gisent aujourd'hui mutilées et oubliées dans les dépendances d'un monument où leur mémoire ne devait pas périr. »

M. l'abbé Bourassé écrivait ces lignes en juillet 1855, treize ans avant la découverte de MM. Pécard et Nobilleau.

Le premier des seigneurs de Bueil nous est révélé par dom Housseau. M. Mabille a mis son nom en lumière dans son *Catalogue analytique des chartes et documents relatifs à l'histoire de Touraine* (tome XIV des *Mémoires de la Société archéologique de Touraine*). Il s'agit de Hugues de Vaux (de Vallibus), seigneur de Bueil.

Sous le n° 1278, à l'année 1108, on trouve dans dom Housseau ce personnage mentionné comme ayant donné à l'église Saint-Julien de Tours celle de Saint-Pierre de Bueil, avec les droits qui en dépendaient (Archives Saint-Julien de Tours).

Le premier membre de la famille de Bueil ne paraît qu'en 1231; il se nommait Barthélemy, et M. l'abbé Bourassé a relaté tout au long la charte qui l'a fait connaître, en remarquant néanmoins que le chevalier Barthélemy ne prend pas la dénomination de Bueil, *de Buellio*, qu'il donne cependant à l'un de ses ancêtres, Pierre de Bueil, clerc, ancien donateur (Petrus de Buellio, clericus). Toujours est-il que la famille de Bueil existait au commencement du XIII° siècle, et qu'elle habitait déjà le Plessis-Barbe.

D'après cette charte et surtout celle de Hugues de Vaux, on devait s'attendre à rencontrer dans les soubassements de l'église de Bueil la preuve de son antiquité. En effet, M. l'abbé Bourassé a trouvé, dans le mur septentrional, les restes évidents d'une *construction romano-byzantine* du XI° siècle.

Le monument actuel a été bâti à la fin du XIV° siècle. « En 1394, en effet, Hardouin de Bueil, évêque d'Angers, Jean, depuis Jean IV, Pierre et Guillaume de Bueil,

---

(1) Sans doute, M. l'abbé Bourassé prend trop à la lettre les dates 1400... existant sur le tombeau de Pierre et de Marguerite; mais, enfin, il n'admet pas la date 1440 de Gaignières et du Père Anselme.

tous quatre frères, résolurent, d'un commun accord, d'établir un chapitre de chanoines réguliers de l'ordre de Saint-Augustin. Après avoir donné à l'abbaye de Saint-Julien une compensation pour le prieuré de Saint-Pierre de Bueil, ils firent venir quatre chanoines du monastère de Châteaux, aujourd'hui Château-la-Vallière. Cette fondation fut approuvée par le pape Clément VII; mais, comme l'archevêque de Tours n'avait point été consulté dans cette affaire, malgré ses droits comme ordinaire des lieux, Jean de Bernard obtint du pape Nicolas V que tout ce qui avait été fait serait annulé. Les chanoines réguliers quittèrent Bueil après une jouissance de quatre-vingt-deux ans, et en 1476, Jean de Bueil, du consentement d'Hélie de Bourdeilles, archevêque de Tours, établit à leur place un chapitre séculier, composé de six chanoines, dont le doyen remplissait les fonctions de curé. »

M. l'abbé Bourassé a relaté *in extenso* le *vidimus* de l'acte de fondation dans lequel Jean IV prend le titre de chevalier, seigneur de Bueil, de Montrésor et de Sainct-Kaleis (Saint-Calais, chef-lieu d'arrondissement du département de la Sarthe).

Cet acte donne de curieux détails sur les adjonctions faites alors à l'ancienne église : « Et pour icelle accroistre, augmenter et embellir et meilleurer, par le conseil des ouvriers experts en tels édifices, par vertu de l'octroy ci-dessus dict, nous veuillons faire abattre le chancel de ladite église paroissiale pour y édifier nouvellement et y faire ung grant autel et le cueur de l'églyse, avec les murs et vitres à ce convenables. »

De plus, il est établi que le nouvel autel servira à la célébration de la messe paroissiale, à la communion des paroissiens de Bueil et à la bénédiction des mariages.

« Nous promettons procurer envers très-révérend père en Dieu, monseigneur l'arcevesque de Tours, que il mectra et interpousera son décret et assentiment aux chouses dessus dictes, et à toutes les chouses dessus dictes faire et parfaire se gré et enteringner de point en point et de non venir en contre, ou temps à venir, nous promectons par les foy et serment de nos corps.

« Donné à La Marchère, le jeudi absolu l'an de grâce mil ccc quatre-vingts et quatorze. »

Cette pièce prouve que le chœur actuel de l'église de Bueil est de cette époque, et M. l'abbé Bourassé, si compétent en pareille matière, affirme que ce monument est le plus complet qui ait été élevé à la fin du xive siècle dans le diocèse de Tours.

« Ainsi, dit le docte abbé, en 1394, il est question de l'*œuvre nouvelle* et de la *vieille église paroissienne*, et quoique cette dernière ait été rebâtie, en grande partie, à la fin du xve siècle et au xvie, comme nous le verrons plus tard, il est facile de les distinguer l'une de l'autre. Par une disposition singulière, il existe à Bueil deux églises contiguës : l'église paroissiale dédiée à Saint-Pierre, qui est petite et modeste, assez obscure..., et l'œuvre nouvelle, consacrée à saint Michel et aux Saints-Innocents, qui est

vaste, élevée, bien éclairée, et construite par ouvriers experts avec une grande recherche d'architecture. Cette dernière église consiste en trois travées régulières et une abside à cinq pans... Du côté méridional, les fenêtres sont aiguës... Dans la nef, comme à l'abside, le tympan des fenêtres est garni de trèfles et de quatre-feuilles. Du côté septentrional, au lieu de fenêtres, s'ouvrent trois grands cercles garnis de moulures nombreuses et ornés de quatre-feuilles. »

C'est dans cette église du xive siècle que se trouvaient tous les tombeaux dont nous regrettons aujourd'hui la perte.

En 1476, Jean V établit les six chanoines séculiers dont nous avons parlé, de concert avec Martine Turpin, qui est nommée avec lui dans la bulle de Sixte IV : « Et pro animarum propagatione salutis, divinus cultus continuum suscipit incrementum, sane sicut exhibita nobis nuper pro parte dilecti filii nobilis viri Joannis de Buelleyo militis, domini temporalis loci de Buelleyo diœcesis Turonensis, et dilectæ in Christo filiæ Martinæ Turpin suæ conthoralis petitio continebat, etc. etc. »

Plus loin on rappelle le mode de recommandation usité à chacune des deux messes qui seront dites chaque jour, l'une à voix basse : « Cum solita commemoratione ad populum pro animabus dicti militis et quondam Ludóvici de Buelleyo, ejusdem militis, olim fratris germani. » Et l'autre à haute voix : « Cum simili commemoratione post offertorium, cum commemoratione fidelium pro ejusdem militis et quondam Joannis de Buelleyo ejus progenitoris (Jean IV) ac aliorum suorum consanguineorum, affinium et amicorum animabus decantare perpetuò. »

Dans le même contexte se trouve la donation faite par Jean V; cette pièce est trop longue pour être transcrite ici *in extenso;* nous en donnons l'extrait suivant :

« Sire Jean de Bueil, chevalier, seigneur de Châteaux, en Anjou, et de Marmande, comte de Sancerre, à tous ceux qui ces présentes lettres verront, salut. Comme par nos prédécesseurs, le prieuré dudit lieu de Bueil, présentement érigé en église collégiale et doyenné, ait été fondé et depuis par nous augmenté, en l'honneur de Notre-Seigneur Dieu et de la très-glorieuse Vierge Marie, de monsieur saint Michel et des saints Innocents, et à la fondation et augmentation d'iceluy, aye été donné par nos prédécesseurs et nous, les choses qui s'ensuivent, c'est à savoir : les fiefs, terres et seigneuries, domaines et appartenances dudit lieu de Bueil et les réservations ci-après déclarées, le fief de Vauricheux, sis en la paroisse de Villebourreau, les métairies de la Barre et du Petit-Verdet, les étangs de la Barre, dudit lieu de Bueil, les prés des Guains, plus deux autres prés au Plessis... La dixme du fief Turpin et d'Amaillé, avec la dixme dudit lieu de Bueil, tant de bled, vin, que d'autres choses sujettes à dixme, une maison sise en notre dite ville de Bueil, avec certaines terres et jardins que le prieur dudit lieu a eu de nos deniers..., plusieurs vignes..., le ban à vendre vin en ladite ville dudit lieu de Bueil), la place du four à ban, diverses redevances dues par des tiers, divers cens et rentes. La terre du Pina, de la Marchière, avec les domaines, cens et rentes qui en dépendent. La métairie et appartenances de Brisseau, celle du Petit-Gâtineau, de Chaufournay, de Viellemouzel, la terre et seigneurie de Beaune, en Saint-Christophe, avec les métairies des Fossés et de la Guanerie. »

Le don de ces nombreux domaines paraît s'appliquer spécialement aux ancêtres de Jean V; mais voici une disposition qui concerne personnellement Jean V et Martine Turpin :

« Et afin que nous et notre très-chère et aimée épouse, Martine Turpin, et nos prédécesseurs, soient participants et accompagnés des bienfaits, prières et oraisons de notre dite église, nous donnons, cédons... dès à présent et à toujours mais, perpétuellement, par héritage, à notre dite église, les terre et seigneurie de la Boulinière et de la Championnière, sises ès-paroisses dudit lieu de Neuillé et de Beaumont-la-Ronce, plus une dixme en Bueil acquise des religieux de Gastines.

« Item notre dite cour, hôtel et domicile dudit lieu de Bueil, avec les jardins qui en dépendent, moyennant que le marguillier de notre dite église sera logé en notre dit hôtel, et retenons et réservons à nous et à nos hoirs et successeurs, seigneurs dudit lieu de Bueil, la suzeraineté de la justice dudit lieu, la touche de bois dudit lieu... par ainsi et à telles conditions que lesdits doyen et chapitre tiendront de nous et de nos hoirs et successeurs lesdites choses à foi et hommage simple, et un épervier branchier de service à mutation de chacun doyen pour tout debvoir, etc. »

« Donné en nostre château Val-Joyeux, en présence de frère Nicolas Aubert, docteur en théologie, doyen dudit lieu de Bueil, Geoffroy de Chevien, etc. etc..., le septième jour de mars l'an 1476. Signé Jean de Bueil. »

Nous ne pouvions mieux utiliser le *fac-simile* que nous avons fait graver de la signature du bon chevalier.

Jean de Bueil signait toutes ses quittances; c'est au *Cabinet des Titres* de la Bibliothèque nationale que nous avons relevé ce *fac-simile* d'après une quittance originale.

On remarquera sans étonnement la hardiesse de cette écriture, puisqu'on sait que l'auteur du *Jouvencel* était aussi habile à manier la plume que l'épée.

Voici une autre pièce qui donne à Jean V tous ses titres :

« Sachent tous présents et à venir que comme noble et puissant seigneur, messire Jean de Bueil, chevalier, seigneur dudit lieu, de Château, en Anjou, de Courcillon, de Saint-Christophe, en Touraine, de la Marchère, de Saint-Kaleis, du péage de Tours, comte de Sancerre, ait naguères impétré et obtenu de notre saint-père le pape Sixte... certaines lettres ou bulles apostoliques pour et afin d'ériger l'église paroissiale de Bueil en église collégiale..., en l'honneur de Notre-Dame et des saints Innocents, *patrons de ladite église de Bueil...* »

Ainsi l'église collégiale de Bueil était spécialement consacrée à Notre-Dame et aux saints Innocents.

Les sires de Bueil avaient même adopté pour cri de guerre ces mots : *Notre-Dame de Bueil*. Ce cri, qui n'est pas connu des héraldistes et qui ne figure pas (1) dans le recueil si complet de M. de la Mégie, intitulé *Légendaire de la noblesse de France*, grand in-8°, nous a été conservé par le trouvère Cuvelier, dans le récit qu'il fait du siége de Bergerac, où Pierre de Bueil joua, comme l'on sait, un rôle important.

> « Moult fort se prindrent lors Anglois à esmaier,
> Quant Claquin orent si faitement crier,
> Adoncques vinrent sur euls pour le fait empirer
> IIII[xx] combatant, chevalier et escuier
> Que Pierre du Buel, le noble chevalier
> Menoit avec lui, c'estoit pour convoier
> Un engin c'on nommoit truie, en cel heritier.
> Quant Pierre du Buel vit l'estour fort et fier
> Au plus fort de l'estour s'ala tantost fichier
> « Nostre-Dame, Buel » commença à huchier;
> Qui donc veist François sur Anglois déclichier, etc. »

Nous donnerons plus loin le passage fort curieux de Froissart, relatif au siége de Bergerac, où Jean et Pierre de Bueil firent des merveilles.

A l'égard de la dévotion des saints Innocents, on se rappelle que nous avons cité un passage du *Jardin délicieux*, du Père Martin Marteau, d'après lequel on aurait conservé dans l'église de Bueil un berceau dit des saints Innocents, *où il y en avait trois.*

Ce culte des saints Innocents était en outre rappelé par la fondation, dans l'église de Bueil, d'une psallette de trois petits garçons (psalletam trium puerorum cum onere sustentationis et educationis puerorum predictorum).

Le sceau de la collégiale portait en tête, du temps de Jean IV et de Pierre de Bueil, la figure d'un de ces saints *innocents*, qui nous avait fort intrigué dans notre premier article, avant que nous eussions eu les notions nécessaires sur la constitution de la collégiale de Bueil.

(1) Hélas, les Bueil ont disparu, leur famille est éteinte, et personne n'est plus là pour réclamer une place, si bien méritée, au soleil de l'histoire.

Nous reproduisons ici ce sceau curieux que nous avions attribué à Jean IV, mais qui évidemment n'est pas un sceau seigneurial et ne peut convenir qu'à la collégiale, qui avait pour armes celles des Bueil du temps.

La figure d'un des saints innocents en tête des armes ne nous laisse plus de doute sur l'appropriation de ce sceau à la collégiale de Bueil, antérieurement à la fondation de Jean V.

Il nous reste à dire quelques mots des sires de Bueil du nom de Jean III, Jean IV, Jean V et Antoine, et des frères de ces seigneurs, Pierre, Guillaume et Jacques, dont nous allons publier des sceaux jusqu'à ce jour inédits.

Nous joindrons un certain nombre de monuments propres à Martine Turpin.

Il est assez difficile de distinguer les pièces émanées de Jean III de celles qui concernent Jean IV, son fils (1).

Le Père Anselme a donné à Jean III le sceau suivant, dans lequel les armes de Bueil, écartelées d'Avoir, sont soutenues par deux léopards ou plutôt deux lions, car l'original que j'ai tenu dans les mains et que j'ai reproduit avec soin donne positivement une longue crinière aux lions.

Voici le dessin assez soigné de Gaignières, d'après un titre du 30 octobre 1374.

(1) Si les historiens ou les trouvères mettaient toujours en relief le caractère propre des personnages, cette incertitude

Nous avons dessiné à nouveau et gravé ce sceau, d'après une cire originale pendante au bas d'une quittance de l'année 1380. Le voici :

Cette pièce porte quittance par « Jehan de Bueil, chambellan du roy, nostre sire, à Jehan Le Flament, trésorier des guerres, de trois cent quinze francs d'or, en prest sur les gaiges de nous, IIII autres chevaliers et XI escuiers de nostre hotel et compaignie, desservis et à desservir en ces présentes guerres, ès parties de Bretaigne, sous le gouvernement de monseigneur le connestable de France. »

« Soubz nostre seel, le xxᵉ jour, l'an M. CCC et quatre-vins (1). »

n'existerait pas; mais ces détails intimes sont toujours fort rares. Voici en quels termes Cuvelier s'exprime au sujet de Jehan de Bueil, probablement Jean III.

> Bertran en a sa gent devant lui appelée,
> Olivier de Clisson qui bien ama merlée;
> *Et messire Jehan de Buel la murée,*
> Olivier de Manny qui bien féri d'espée,
> Etc., etc.
> Vers 18858, *Chronique de Duguesclin.*

Si Olivier de Clisson aimait à se jeter dans la mêlée, Jehan de Bueil excellait, à ce qu'il paraît, dans l'art de défendre les places ou de les attaquer.

(1) M. Léopold Delisle, qui a réuni tant de pièces intéressantes et tout à fait inédites sur le règne de Charles V (*Mandements et actes divers de Charles V*), a donné, à la page 257 une lettre de Charles à Jehan Le Mercier, en date du 5 avril 1369, que nous devons relater ici : « Comme par nos autres lettres nous ayons ordenné que nostre très-cher et amé frère le duc de Berry ait présentement en sa compagnie et sous son gouvernement cinq cens hommes d'armes, et nostre amé et féal chevalier et conseiller Loys de Sancerre, mareschal de France, ait aussy en sa compagnie et soubs son gouvernement CCCXXIX payes, desquelles CCC XXIX nostre dit mareschal aura pour luy et de son hostel cent payes, *nostre amé et féal Jehan de Buell, chevalier, pour la garde de la ville d'Angers et du pays d'environ, cinquante paies, et pour la garde de la ville du Mans vint paies,* le gouverneur de Blois cinquante paies, etc. Nous vous mandons que ces lettres veues, vous transportiez en Auvergne ou ailleurs, vers nostre dit frère et nostre dit mareschal, et faites à nostre dit frère et nostre dit mareschal et aux gens d'armes de sa compagnie, jusque à cinq cens hommes d'armes, prest et paiement pour un mois. » Il s'agit ici sans doute de Jean III.

On remarquera que ce sceau, l'un des plus anciens que nous ayons d'un Jean de Bueil, ne donne pas à ce personnage le titre de sire de Bueil; on peut donc croire ou que c'est le sceau de Jean IV, alors fils aîné du sire de Bueil, ou que c'est celui de Jean III, remontant à une époque où son père, Jean II, vivait encore.

Le Jehan mentionné dans ce titre paraît bien être Jehan III; il y prend le titre de chambellan du roi, et le Père Anselme n'a pas fait difficulté de lui attribuer ce sceau. Comme rien ne nous démontre le contraire, nous maintiendrons cette attribution d'après l'hypothèse ci-dessus, relative à la suppression du mot *sire*.

La même incertitude existe pour un sceau à légende latine que nous trouvons au bas d'une quittance de l'année 1380; ce sceau, tout différent du précédent, n'a pas de supports; le blason, écartelé comme lui, de Bueil et

d'Avoir, est entouré de feuillages; la légende est très-détériorée, on y lit : Étoile s.ioh... La légende finit par une étoile et un s. Jehan de Bueil y prend aussi le titre de « chambellan du roi ».

La quittance se termine par ces mots : « Donné à Chartres, soubz nostre seel, le x° jour de septembre, l'an M. CCC. quatre-vins. »

Cette année 1380 fut célèbre par la trouée que les Anglais, au nombre de trois mille hommes d'armes et de trois mille archers, firent à travers la France; c'est cette année aussi que mourut Charles V, double malheur qui prépara un triste avénement à l'infortuné Charles VI.

Les Anglais, débarqués à Calais, prirent leur route par Gravelines et Ardres. Commandés par le duc de Buckingham, ils passèrent sous les murs de Saint-Omer, de Péronne, entourèrent la ville de Reims et arrivèrent à Troyes; ce n'était guère le chemin de la Bretagne, but cependant de leur percée. Passant ensuite par Sens, ils traversèrent la Beauce et le Gâtinais, et vinrent jusqu'à Vendôme. C'est à ce moment sans doute que Jehan de Bueil est à Chartres, guerroyant de son mieux, sans engager d'action capitale, d'après l'ordre formel du roi. Froissart, qui donne de curieux détails sur les faits de guerre de ce temps, y mentionne l'intervention de Jean de Bueil en des termes qui donnent une haute opinion de son crédit et de sa capacité.

Livre II, chapitre LXX. — « Vous savez comment le roi Charles de France, qui se tenoit à Paris, traitoit secrète-

ment devers les bonnes villes de Bretagne, afin qu'elles ne se voulsissent mie ouvrir, ni recueillir les Anglois; et là où ils le feroient, ils se forferoient trop grandement, et seroit ce forfait impardonnable. Ceux de Nantes lui mandèrent secrètement qu'il n'en fût en nul doute, car aussi ne feroient-ils, quelque semblant ni quelque traité qu'ils eussent envers leur seigneur; mais ils vouloient, si les Anglois approchoient, que on leur envoyât gens d'armes pour tenir la ville et les bonnes gens contre leurs ennemis. Et de ce faire étoit le roi de France en grand'volonté et l'avoit rechargé en son conseil. *De tous ces traités étoit ainsi que tout, maître et souverain messire Jean de Bueil, de par le duc d'Anjou, qui se tenoit à Angers.* Le duc de Bourgogne se tenoit en la cité du Mans; et là environ, ès forts et ès châteaux, se tenoient les seigneurs le duc de Bourbon, le duc de Bar, le sire de Coucy, le comte d'Eu, le duc de Lorraine et tant de gens, que ils estoient plus de six mille hommes d'armes, et disoient bien entre eux que voulsist ou non le roi, ils combattroient les Anglois, ainsçois qu'ils eussent passé la rivière de Sartre, qui départ le Maine et l'Anjou. »

L'armée anglaise passa le Loir et vint à Saint-Calais, où elle resta deux jours.

« Au tiers jour, dit Froissart, ils se délogèrent et vinrent à Lusse (lisez Lucé), et le lendemain au Pont-à-Volain (lisez à Pontvallain). » Le trajet par les vallées est assez direct, en effet.

Froissart ajoute très-clairement ensuite que l'armée, après avoir passé la forêt du Mans, arriva à la Sarthe, qui l'arrêta longtemps. « Toutefois, dit-il, firent tant les Anglois et tant exploitèrent qu'ils furent outre charroi et tout et vinrent ce jour loger à Noyon-sur-Sarthe. » Tout cela est très-rationnel; Noyon-sur-Sarthe est le gros bourg de Noyen-sur-Sarthe, situé, en effet, de l'autre côté de la Sarthe, en ligne droite de Pontvallain à Poillé, où se rendit l'armée anglaise deux jours après.

Comment M. de Roujoux a-t-il pu dire dans son *Histoire des rois et ducs de Bretagne*, que « le comte de Buckingham apprit la mort de Charles V le jour même où son principal corps d'armée passait la Sarthe à Nogent. Nogent est situé sur l'Huisne, et non sur la Sarthe, et d'un autre côté.

La petite ville nommée autrefois Noyon-sur-Sarthe, et qui porte aujourd'hui le nom de Noyen, se disait *Noviomum* en latin; et même, comme nous l'avons démontré (1), elle a imprimé son nom *Noviomo* sur un triens mérovingien. Le nom de Noyon donné par Froissart ne laisse donc aucun doute sur le lieu de passage de l'armée anglaise.

L'erreur de M. de Roujoux vient de ce que, une fois parvenue à Saint-Calais, l'armée anglaise a passé par des bourgs dont l'orthographe a été dénaturée, comme presque toujours, par Froissart et par ses interprètes. Ainsi,

(1) *Essai sur les monnaies frappées dans le Maine.*

M. Buchon, qui lisait Lusse dans le texte, aurait dû écrire Lussé, ce qui eût fait penser à Lucé; Pont-à-Volain est aussi assez éloigné de Pontvallain; puis Noyon évoque malencontreusement le nom d'une ville très-lointaine; enfin Pouilly, qui vient après, ne rappelle pas non plus le Poillé de la Sarthe.

Jehan de Bueil ne sut pas que l'armée anglaise était arrêtée au passage de Noyen; s'il l'eût su, il eût pu facilement l'anéantir, car Froissart fait un pittoresque récit de ses embarras à ce passage, arrivé, comme il le dit, le jour de la mort du roi, le 16 septembre 1380. Il est probable que les pluies avaient enflé la rivière, « car elle est grose et profonde et trop male à passer... Or, regardez si les François, qui les poursuivoient et qui les désiroient à combattre, eussent sû ce convenant, s'ils ne leur eussent point porté grand dommage... »

A cette époque, il y avait peu de cohésion dans l'armée française. Chaque seigneur de renom amenait avec lui une certaine quantité de chevaliers bacheliers et un grand nombre d'écuyers; relativement, ceux-ci formaient réellement le corps de bataille.

Voici la composition du petit corps de troupes que Jean IV, selon toute vraisemblance, avait fourni au roi, en l'an 1412, quelques années avant Azincourt, d'après l'original au Cabinet des Titres.

« La moustre (la montre, la revue) de messire Jehan, seigneur de Bueil, chevalier banneret, de trois autres chevaliers bacheliers, et de trente-cinq escuiers de sa chambre, receuz au Mans, le premier jour d'octobre IIIIᵉ douze.

> Ledit messire Jehan, seigneur de Bueil, banneret;
> messire Guillaume de Bueil, chevalier bachelier;
> messire Pierre le Vassour, chevalier bachelier;
> messire Pierre de Villeblanche, chevalier bachelier; Jehan de Bernoil, escuier; etc. etc.

On voit figurer ici Guillaume de Bueil, un des fils putnés de Jehan III, frère de Jehan IV et de Pierre. Guillaume avait naturellement brisé ses armes de famille d'une bordure engrelée, puisque Pierre portait déjà les siennes entourées d'une bordure ordinaire, comme nous allons le voir. Remarquons de plus que Guillaume ne porte pour cimier qu'un seul col de cygne. Pour la seule et unique fois, le nom de Bueil est écrit par un *y* sur ce sceau. Guillaume de Bueil avait le titre d'écuyer de l'Escuierie du roi, de 1377 à 1390.

Le Père Anselme, La Thaumassière et Moréri, font mourir Jean III en 1390; cependant, le premier le fait sei-

gneur de Saint-Calais, or M. Megret-Ducoudray fait remarquer que si ce fait est certain, il ne peut être mort en 1390, car, à cette dernière date, le seigneur de Saint-Calais était encore Charles, comte de Dampmartin, et les sires de Bueil n'ont acquis cette seigneurie qu'en 1400, de Charles Bureau de la Rivière, époux de Blanche de Trie, fille du comte de Dampmartin; si, au contraire, Jean III est mort en 1390, il n'a jamais été seigneur de Saint-Calais, et l'acquéreur de cette seigneurie est Jean IV, dont la mort à Azincourt paraît certaine.

On voit qu'il règne une grande incertitude sur l'identité de Jean III et de Jean IV, et qu'il n'est pas étonnant qu'on ne puisse distinguer les sceaux de l'un des sceaux de l'autre.

Nous donnons ci-après un sceau qui a été dessiné par Gaignières, d'après un original qui ne nous est pas parvenu.

Il porte tout simplement un écu écartelé d'Avoir et de Bueil, et pour légende : Étoile IEHAN : DE : BVEIL. Ce sceau est cependant à une quittance de deux cents francs d'or, en date du 12 février 1371. Jean de Bueil y prend les titres de chambellan du roy et de monseigneur le duc d'Anjou. C'est un sceau ancien, sans doute de la jeunesse de Jean III et avant qu'il fût seigneur de Bueil.

En 1389 on voit paraître un sceau du même genre quant à la priorité accordée à l'écart d'Avoir, mais très-différent quant au cimier du casque et aux supports;

c'est le commencement des cimiers à cols de cygne et des anges comme supports. Seulement les cols de cigne sont adossés au lieu d'être tous deux dans le même sens, comme ils le seront toujours par la suite.

Jehan s'intitule ici sire de Bueil; donc il s'agit bien de Jean III; qui se dit toujours chambellan du Roy et de Monseigneur le duc de Touraine.

Un autre sceau pareil scelle une pièce datée de 1391, ce qui semblerait donner raison à M. Mégret-Ducoudray et nous faire voir que Jean III n'était pas mort en 1390, mais qu'il a pu mourir en 1391, car une pièce datée de cette dernière année, dans laquelle Jean de Bueil prend seulement le titre de chambellan de Monseigneur le duc de Touraine, est scellée d'un sceau tout différent, où Bueil est au premier canton et où les deux cols de cygne sont dans le même sens.

Remarquons que ces sceaux sont tous chargés de lettres majuscules onciales, ils sont donc plus anciens que celui ci-après où le gothique minuscule paraît pour la première fois.

Il est vrai que nous l'avons gravé d'après un dessin de Gaignières; cependant on ne peut suspecter cette reproduction, car nous avons ci-dessus d'autres dessins de sceaux anciens dans lesquels Gaignières a su respecter les caractères onciaux. Voyons donc ici un sceau de Jean IV avant qu'il fût sire de Bueil.

Hardouin de Bueil, frère de Jean IV, a joué un rôle assez considérable dans le monde religieux de la fin du XIVe siècle et pendant toute la moitié du XVe; il était évêque d'Angers et baron de Châteaux.

Son portrait existe au cabinet des estampes de la Bibliothèque nationale dans la collection iconographique. C'est un dessin au crayon qui représente le prélat de ³/₄, en habits de chœur. Au-dessous sont ses armoiries avec cette légende : Hardouin de Bueil, évêque d'Angers, 1438.

M. Nobilleau a consacré à cet évêque une notice insérée dans le *Bulletin de la Société archéologique*, 3e et 4e trimestre de 1874.

Hardouin de Bueil, chancelier du roi de Sicile, et divers autres personnages cités par M. Lecoy de la Marche, furent institués par les ducs d'Anjou pour gouverner la Chambre des comptes.

Lorsque Louis II mourut le 29 avril 1417 prématurément puisqu'il n'avait que 40 ans, Yolande d'Aragon, cette noble et courageuse princesse, prit résolûment en main la haute gestion d'un héritage si lourd, et elle confirma Hardouin dans sa charge de chancelier en des termes trop honorables pour n'être pas rapportés ici *in extenso* d'après l'original au Cabinet des Tires.

« Yoland, par la grâce de Dieu, royne de Jhérusalem et de Sicile, duchesse d'Anjou et contesse de Provence, de Forcalquier, du Maine et du Pymont, aians le bail, garde et administration et gouvernement de nos enfans mineurs d'ans et de leurs terres et seigneuries, à tous ceulx qui ces présentes lettres verront, salut. Comme dès pieçà, Monseigneur, que Dieux absoille, eust retenu et ordonné en son chancelier révérend père en Dieu nostre très-cher et féal conseiller l'évesque d'Angiers, lequel en tous cas se soit moult grandement et honnestement gouverné ou dit office et en tous autres, touchant le service de mon dit Seigneur, de nous et de nos enfans; savoir faisons que pour considération de ce et pour la confiance que toujours avons en la bonne loyaulté, discrétion et preud-ômie dudict révérend père en Dieu l'évesque d'Angiers, nous l'avons retenu et retenons par ces présentes, en nostre chancellerie, et de nostre filz aisné (1) le duc d'Anjou, aux gaiges, honneurs et prérogatives qui, ou dit office appartiennent, et voulons et nous plaist que dudict office de chancellerie et des gaiges, honoraires et prérogatives dessus dites, il use et joysse doresenavant, ainsi et par la fourme et manière qu'il a fait ou tems de mon dit Seigneur que Dieux absoille. En tesmoing de ce, nous avons fait mectre notre seel à ces présentes. Donné en nostre chastel d'Angiers, le XVIIe jour d'avril, l'an de grâce 1417. »

Nous avons dessiné et gravé le sceau d'Yolande que

nous croyions inédit, mais que nous avons trouvé reproduit, avec de légères variantes, dans le grand ouvrage sur la *Sigillographie des Bouches-du-Rhône*, par M. Blancard, pl. 18, n° 2.

____

(1) Louis III, âgé de 13 ans et demi.

Ce sceau porte d'après M. Blancard :

8. YOLAND, reine de Sicile, duchesse d'Anjou; COMTESSE DE PROVENCE : écrit COMTESSE DE PROVĒCE (1).

Notre exemplaire, très-avarié sur les bords, est illisible; mais par contre il est plus beau, comme type, que celui dessiné par M. Laugier, et reproduit plus correctement le charmant entourage de l'écu représentant de jeunes enfants nus gambadant dans des rinceaux.

Le vénérable Hardouin est mort âgé de plus de 90 ans, le 19 janvier 1438. Il avait été l'un des exécuteurs testamentaires de Louis II.

Pierre de Bueil, frère de Jean IV et époux en secondes noces de Marguerite de Chausse, a laissé la réputation d'un vaillant homme de guerre. Il se distingua au siége de Bergerac avec son frère Jehan de Bueil. Froissart nous a conservé le récit pittoresque du rôle qu'il a joué et dont nous avons déjà vu une légère esquisse dans la *Chronique de Duguesclin* de Cuvelier :

« Quand le duc d'Anjou vit que le temps fut de partir de la cité de Toulouse et que la greigneur partie de ses gens d'armes étaient venus et traits sur les champs, et par espécial le connétable de France, en qui il avoit moult grande fiance, il se partit de Toulouse et se mit au chemin tout droit devers Bergerac, et en étoit gardien et capitaine messire Perducas de la Breth;..... tant exploitèrent les osts du duc d'Anjou qu'ils vinrent devant Bergerac et se logèrent à l'environ, au plus près de la rivière qu'ils purent, pour avoir l'aise de eux et de leurs chevaux. Là étaient avec le duc d'Anjou, grands gens et nobles, premièrement messire Jehan d'Armignac à grand'route, le connétable de France aussi à grand charge, messire Louis de Xancerre, *messire Jean de Bueil, messire Pierre de Bueil*, Yvain de Galles, etc.

« Vous devez savoir que messire Thomas de Felleton, qui se tenoit à Bordeaux et qui sentoit ses ennemis à douze lieues près de là..., n'en estoit mie bien lié. »

Cependant ce capitaine, ne pouvant faire venir de secours d'Angleterre, écrivit aux sires de Mucident, de Duras, de Rosem et de Langurant, qui étaient les plus puissants seigneurs du parti anglais en Gasgogne, de venir le trouver à Bordeaux; ce qu'ils firent, de sorte que Felton se trouva à la tête de cinq cents lances. Il en prit trois cents et se rendit secrètement à Aymet, près Bergerac.

« Ainsi se tint le siége devant Bergerac et y eut fait plusieurs escarmouches et appertises d'armes de ceux du dehors à ceux du dedans. Mais petit y gagnoient les François; car messire Perducas de la Breth, qui capitaine

en étoit, les ensonnioit tellement que nul blâme ne l'en doit reprendre. Or eurent conseil ceux de l'ost, pour leur besogne approcher, et pour plus grever leurs ennemis, que ils envoieroient querre en la Riolle (la Réole) un grand engin que on appelle *truie*, lequel engin était de telle ordonnance que il jetoit pierres de faix, et se pouvoient bien cent hommes d'armes ordonner dedans, et en approchant assaillir la ville.

« Si furent ordonnés pour aller querre cet engin messire Pierre de Bueil, messire Jean de Vert, messire Baudouin de Cremoux, messire Alain de Beaumont, le sire de Montcalay et le sire de Gernoz..., » ils arrivèrent bientôt à la Réole.

« Entre Bergerac et la Riolle, en une place que on dit Ymet (Aymet), étoient les Anglais en embuche plus de quatre cents combattants, et rien ne savoient les François. Si vinrent nouvelles en l'ost et au connétable de France que les Anglois chevauchoient; mais on ne leur savoit point à dire quel chemin ils tenoient. Tantôt et pour la doutance de ces gens, le connétable mit sus une autre armée de gens d'armes pour contre-garder leurs fourrageurs qui chevauchoient entre la rivière de Dourdonne et de Garonne... Si étoient en route deux cents lances de gens d'étoffe, messire Pierre de Bueil et les autres qui étoient aller querre celle truie à la Riolle, exploitèrent tant qu'ils y parvinrent, et la firent sur grand'foison de chars charger, et puis se mirent au retour pour revenir en l'ost, et par un autre chemin que ils n'étaient venus, car il leur convenoit tenir le plus ample chemin pour leur charroy, et passer à Ymet ou assez près où les Anglois étaient en embûche; et eurent si belle aventure, avant que ils vinssent jusques à là, que à une petite lieue ils trouvèrent les François leurs compagnons; et quand ils se furent tous mis ensemble, ils se trouvèrent bien six cents lances. Si cheminèrent plus hardiment et à plus grand loisir.

« Nouvelles vinrent à messire Thomas de Felleton et aux barons de Gascogne qui à Ymet se tenoient, que les François chevauchoient et tenoient ce chemin et amenoient un trop grand engin de la Riolle devant Bergerac. De ces nouvelles furent-ils tous réjouis et dirent que c'étoit tout ce qu'ils demandoient. Adonc s'armèrent-ils et montèrent sur leurs chevaux et se ordonnèrent du mieux que ils purent. Quand ils furent tous traits sur les champs, ils n'eurent guères attendu, quand véez-ci les François qui venoient en bon arroy et en grand'route. Sitôt comme ils se purent connoître et appercevoir, comme ceux qui se tenoient ennemis les uns des autres, et qui se desiroient à avancer et combattre, en éperonnant leurs chevaux et en abaissant leurs glaives et en écriant leurs cris, entrèrent les uns ès autres. Là eut, je vous dis, de premier fait, de belles joutes et de grands appertises d'armes, et maint chevalier et écuyer renversé jus de son cheval à terre...

« Moult fut cil rencontre fort et bien combattu de l'un côté et de l'autre, en cette place que on dit Ymet, assez près du village. Et quand les lances furent faillies, ils

sachèrent les épées (1) dont ils se rencontrèrent fièrement et se combattoient main à main, moult vaillamment...
« Cette bataille fut bien combattue et longuement dura... Mais finallement les Anglois et les Gascons ne purent obtenir la place et les conquirent les François par beau fait d'armes. Et là prit messire Jean de Lignac et flança prisonnier de sa main messire Thomas Felleton, sénéchal de Bordeaux; et furent pris sur la place le sire de Mucident, le sire de Duras, le sire de Langurant et le sire de Rosem; et s'en sauvèrent petit de la part des Gascons et des Anglois...

« Après cette besogne et le champ tout délivré et que tous ceux qui prisonniers étoient, furent mis en ordonnance, on se mit au retour pour venir devant Bergerac, arrière au siége. Vous devez savoir que le duc d'Anjou fut grandement réjoui de ces nouvelles, quand il scut la vérité, comment ses gens avoient exploité et que toute la fleur de Gascogne de ses ennemis, chevaliers et ecuyers, étaient pris et messire Thomas de Felleton aussi qui tant de contraires lui avoit fait; te n'en voulsist mie tenir de cette aventure cinq cent mille francs (2). Tant exploitèrent messire Pierre de Bueil, messire Jean de Lignac, Yvain de Galles et les autres queils vinrent en l'ost devant Bergerac dont partis ils étoient. Si furent grandement fêtés et conjouïs du duc d'Anjou et du connétable, des barons, des chevaliers et de leurs amis. »

On dressa la truie, qui effraya beaucoup les gens de Bergerac; le capitaine Perducas voulait résister, mais les bourgeois épouvantés demandèrent à capituler.

Ainsi se termina cette brillante affaire dont tout l'honneur revint aux Bueil et au sire de Lignac.

Bourdigné, dans sa *Chronique d'Anjou et du Maine*, a rendu compte de l'action à peu près dans les mêmes termes, seulement il caractérise mieux que Froissart les personnages.

Le Jehan de Bueil qui amène le secours au duc d'Anjou est Jehan IV, *frère* de Pierre de Bueil, et il est en ce moment *sénéchal de Beaucaire*. D'après lui, il n'y a donc aucune incertitude possible entre Jean III et Jean IV, et en cela il paraît plus correct que Moréri, qui dit à l'article Jean III : « Il mena un puissant secours au duc d'Anjou en Languedoc et en Guyenne, et s'y rendit maître de plusieurs places après avoir défait les Anglois près de Bergerac. »

Il est vrai que Moréri ne se gêne pas pour répéter à l'article de Jean IV : « Il défit avec son frère Pierre de

(1) Froissart, qui avait lu sans doute les romans de la Table ronde, emploie juste la même phraséologie que celle de ces romans.

(2) 500,000 francs d'or ou 500,000 livres tournois environ. Le franc d'or de l'année 1377 valant 20 sols environ, ces 500,000 francs d'or vaudraient donc aujourd'hui, de valeur intrinsèque plus de 6 millions; mais alors ils équivalaient bien à 10,000,000 de francs de nos jours.

Bueil et prit le général Felton, sénéchal de Bordeaux, et quantité d'autres prisonniers. »

Voici les passages importants des chroniques de Bourdigné qui précisent les faits.

« Pour renforcer l'armée des François vint vers le duc d'Anjou messire Jehan de Bueil, sénéchal de Beaucaire, accompaigné de six cens hommes d'armes et de deux cents arbaletriers; lesquels assemblez allèrent la ville de Bergerat assaillir. Et pour ce que ceulx de dedans monstroient grans semblants et efforts de résistance, le duc envoya messire Jehan de Bueil au chasteau de la Ryolle querir canons, bombardes et telz instruments pour battre la place de Bergerat, et lui bailla trois cents lances pour le accompaigner. De quoy adverty Thomas Felton, vaillant capitaine anglois qui pour lors estoit sénéchal de Bordeaulx, se vint embuscher avecque cinq ou six cens Anglois sur le chemin par où devoit retourner messire Jehan de Bueil. Et ainsi que les espies vont d'une part et d'autre, arriva une des espies du duc d'Anjou devers luy qui luy rapporta l'entreprinse d'icelluy Felleton et le nombre des combattans qu'il avoit. Lors le duc hastivement appella messire Pierre de Bueil, *frère d'icelluy messire* Jehan de Bueil et lui conta l'entreprinse de l'Anglois, puis lui dit qu'il allât au secours de son frère.

« Pierre de Bueil, de très-bon cuer, acceptant ceste charge, print trois cents hommes d'armes et vint au lieu où on luy avoit dit que estoient les Anglois en embusche, lesquels ne fuillit à rencontrer et vertueusement frappa sur eulx. Et les Angloys qui preux et hardy estoient ne leur fuillirent. Ainsi commença entr'eulx cruelle incision. Mais ainsi comme ilz se combattoient sans que l'on sceust dire qui avoit du meilleur, arriva sur eulx messire Jehan de Bueil qui retournoit de sa charge de la Ryolle, lequel, quand il ouyt le bruist, fist, par ses avant-coureurs, enquérir que c'estoit. Et l'on luy rapporta que c'estoit son frère qui combattoit les Angloys. Si se hasta de le secourir; et luy et les siens, qui tout frais estoient vindrent frapper sur les Angloys, lesquels furent bien esbuyiz d'eulx véoir encloz de tous costez et toutes fois vaillaimment se deffendirent; mais finablement furent desconfitz. Là fut fait grant meurtre d'Angloys et Gascons et fut prins le cappitaine Felleton avec six barons de son party et plusieurs autres seigneurs et chevaliers jusques au nombre de soixante ou plus. Et les François en grand triomphe retournèrent à leur siége vers le duc, qui moult les prisa et fut joyeux que deux chevaliers de son duché d'Anjou avoient faict ceste destrousse.

« Lors commencèrent les Françoys à faire dresser les engins qui avoient esté amenez de la Ryolle pour batre la ville de Bergerat. Mais ceulx du dedans, advertiz de la belle victoire que les François avoient euc sur les Angloys, ne voulent eulx laisser batre, ainz rendirent la ville au duc d'Anjou, pareillement par la prouesse de messire Jean de Bueil les villes d'Aymec et de Sauvenac se rendirent françoises. »

Ainsi voici un fait bien clairement établi, c'est que le Jehan de Bueil du siége de Bergerac est bien Jehan IV le grand maître des arbalétriers. D'ailleurs le père Anselme le présente comme touchant dès l'année 1374, 100 francs d'or par mois pour le prêt de sa compagnie de cent hommes d'armes, et comme assistant en 1377 au siége de Bergerac. Il ne devint d'ailleurs grand maître des arbalétriers que de 1396 à 1398.

Seulement, on peut se demander ce que devenait pendant ce temps Jehan III qui vécut encore près de vingt ans après l'année 1374. Les historiens voyant Jehan IV tenir dès ce moment une position considérable, ont été embarrassés pour remplir les dernières années du sire de Bueil, dont M. Megret Ducoudray voudrait encore prolonger la vie jusqu'en 1415. Contentons-nous, avec le père Anselme, de le faire mourir en 1391, puisque dès 1374 ce sont ses enfants qui paraissent dans toutes affaires de guerre, et résignons-nous à rayer son nom de la liste des seigneurs de Saint-Calais.

Nous voyons dans Froissart, Jehan IV et Pierre de Bueil, de retour à Toulouse, vers novembre 1377 ; « et le duc d'Anjou, le connétable, le sire de Coucy, le maréchal de France, messire Jean et messire Pierre de Bueil, retournèrent arrière à Toulouse et trouvèrent que la duchesse estoit nouvellement relevée. »

Ainsi qu'on le voit, Pierre de Bueil est associé à la haute existence de son frère, il est comme lui à la tête d'une compagnie d'hommes d'armes, et il touche comme lui du trésorier des guerres des subsides mensuels, dont les quittances nous sont restées. (Cabinet des Titres.)

Voici la teneur d'une de ces quittances qui a le mérite d'offrir un sceau de Pierre de Bueil fort rare, et que nous n'avons vu que là.

« Sachent tous que nous, Pierre de Bueil, chevalier, confessons avoir eu et receu de Jehan Le Flament, trésorier des guerres du Roy, nostre sire, la somme de mil livres tournois, en prest tant sur l'estat de nostre personne, comme sur les gaiges de nous et des genz d'armes que nous avons euz et tenuz en nostre compaignie et soubz nostre gouvernement ès guerres du roy nostre dit seigneur ès parties de Bretaigne.

« De laquelle somme de mil livres tournois dessus dite, nous nous tenons pour contens et bien paiez.

« Donné soubz nostre seel, le 27ᵉ jour de juing, l'an M. CCC. quatre vins et un. »

Sans signature. Mais avec le scel ci-dessus en cire rouge sans contre-scel.

Ce sceau n'a pas été connu du père Anselme, qui en a cité un autre dont nous parlerons plus loin.

Le sceau sur lequel nous attirons aujourd'hui pour la première fois l'attention offre deux colonnes soutenant sans doute un arc ogive ; entre elles est le heaume du vaillant chevalier, couronné, ce qui n'arrive pas pour les heaumes des sceaux de Jean, et surmonté d'un buste de cheval, selon toute apparence, — le haut est malheureusement rompu, — et ce sceau est unique.

La légende est ...PIERRE de Buel. Nous mettons Buel, parce que nous avons remarqué que Pierre orthographie ainsi son nom, d'abord dans la *Chronique* de Cuvelier, et ensuite dans son sceau à l'arbre, mentionné par le père Anselme.

Voici ce sceau pendant à une quittance de trois cent soixante-quinze livres données à Moissac, le 12 mai 1380 ;

on y donne à Pierre de Bueil le titre de capitaine général (1).

Un arbre de l'essence de chêne soutient à l'une de ses branches l'écu des Bueil, mais avec l'écart d'Avoir au premier rang.

La légende entière est S. PIER. DE BVEL.

Gaignières nous a conservé le dessin d'un sceau, dont l'original s'est perdu et qui diffère du précédent, surtout par les caractères qui sont en gothique minuscule au lieu d'être en capitales.

La légende donnerait *S. Pierre de Bueil* en gothique. Du reste, Avoir est aussi au premier canton ; mais disons que peut-être cette légende a été restituée par Gaignières, d'après un exemplaire fruste ou peu lisible pour lui.

Enfin, nous donnons ici un autre sceau de Pierre, dont

(1) M. Léopold Delisle a donné, à la page 934 de ses *Mandements et actes divers de Charles V*, l'analyse d'une ordonnance par laquelle le roi Charles V retient « son amé et féal chevalier, Pierre de Bueil, à cinquante hommes d'armes pour le servir à ses gages en ces présentes guerres, ès parties de Bretagne et ailleurs où il lui plaira. Au bois de Vincennes, le 4 mai 1380. » On a vu que, dès le 12 du même mois, Pierre de Bueil est à Moissac.

le dessin nous a été envoyé par M. Dorange, l'honorable bibliothécaire de la ville de Tours. Ce sceau, dans lequel

la bordure est peu visible, est fort simple. Il ne porte que ...PIERRE DE BVEIL autour de l'écu ordinaire, mais l'écart Bueil est au 1er canton comme ci-dessus.

Nous voyons paraître dès l'année 1375 Pierre de Bueil, qui, quoique chevalier bachelier seulement, touche déjà 50 francs d'or par mois. Il était alors en route pour se rendre à Cognac. Voici cette quittance :

« Sachent tuit que nous, Pierre de Bueil, chevalier, confessons avoir reçu de sire Jaques Renart, trésorier des guerres, 153 livres 6 sols 8 deniers ; sur les gaiges de nous bachelier, d'un autre chevalier et de 8 escuyers de nostre chambre, 120 livres ; et pour nostre estat 35 livres 6 sols 8 deniers à 50 francs d'or par mois, en ces guerres, en allant à la journée de Congnac, le 27 mai 1375. »

Le père Anselme met à tort ce fait à l'an 1374. Il ajoute qu'en 1386 il obtint permission de fortifier sa terre du Bois. Nous avons vu qu'en 1380 Pierre de Bueil et Marguerite de Chausse commencèrent ce château du Bois, dont la fondation était un fait assez grave pour être consigné sur une table de marbre, aujourd'hui attachée au mur de la sacristie de Bueil, et du temps de Gaignières au-dessus de son tombeau et de celui de sa femme.

Pierre de Bueil fut institué bailli de Touraine le 4 octobre 1392 ; il l'était encore le 27 septembre 1413, et il mourut au mois d'avril 1414.

Le père Anselme lui donne, comme nous l'avons vu, Anglesie de Levis pour femme ; Anglesie était donc sa première femme, si le fait est réel. Mais la famille de Levis portait d'or à trois chevrons de sable, armes qui ne sont nullement celles peintes sur la robe de sa femme. (Voir son effigie tombale reproduite page 125.) Il en résulterait que Marguerite de Chausse, dont nous avons sans doute les armes : d'argent à 3 fasces de gueules chargées de 2 ou de 4 roses doubles d'argent, serait la seconde femme de Pierre.

Ce point de vue concorderait assez avec la longévité de Marguerite de Chausse, qui n'aurait testé qu'en 1443, d'après le père Anselme ; il est vrai que le vénérable historien des grands officiers de la couronne admet en cet endroit que Marguerite est femme non de Pierre, le frère de Jean IV, mais d'un Pierre II, enfant de Jean IV, dont

l'existence a été rendue possible par suite de l'erreur de Gaignières, qui lit 1440 sur la tombe de Pierre, là où il n'y a réellement qu'une date amorcée et non terminée, cccc...

Quoi qu'il en soit, il nous paraît hors de doute, d'après l'inscription du Chatel du Boys qui donne à Pierre, Marguerite de Chausse pour femme, et d'après la pierre tombale de la crypte de Bueil qui répète le nom de Marguerite, que Pierre, en mourant, a laissé une veuve du nom de Marguerite de Chausse, et que l'effigie de celle-ci nous a donné ses armes, inconnues jusqu'ici.

Il nous reste à parler du plus illustre membre de la famille de Bueil, Jehan V, dont nous avons publié un sceau, d'après une matrice de cuivre en notre possession qui avait été trouvée dans les environs de Saint-Calais.

Depuis la date de notre notice, nous avons recueilli sur Jean V et sur sa veuve de nombreux documents, qui ajouteront quelque intérêt au travail que nous publions aujourd'hui.

L'existence de Jean V est beaucoup plus connue que celle de ses ancêtres. Succédant très-jeune à son père Jehan IV, dont la mort glorieuse porte une date qui ne sera jamais mise en oubli, il est devenu de bonne heure sire de Bueil, et, conformément à un usage du temps, il a ajouté tout de suite dans ses armes, du chef de ses père et mère, une pièce de blason, le sur-le-tout d'Auvergne et de Sancerre, qui ne permet pas de confondre les monuments marqués de ses armes avec ceux émanés de ses pères.

On sait que Jean V de Bueil fut l'un des capitaines qui firent en 1427 une entreprise sur la ville du Mans ; Bourdigné lui donne, dès cette époque, le premier rang sur tous ses émules, dont il nous révèle les noms :

« En ceste saison, messire Jehan de Bueil, accompagné des seigneurs de Lucé, Vignolles, des Croix, de Mallidort, de Montfaulcon, du Boullay, de Mondan, de l'Espinay, de Beauvays, de Créant, de Tuce, de Saint-Aignan, de Lavardin, de la Roche-Talbot, de la Freslonnière, de Thouars, et autres vaillants angevins et manceaulx, prindrent la ville du Mans d'assault sur les Angloys, lesquelz furent contraintz d'eulx sauver en la tour (1) d'icelle ville et mander hastivement au capitaine Talbot qu'il les vint secourir. »

Trouillard, dans ses *Mémoires des comtes du Maine*, page 166, constate que cette missive sauva le capitaine anglais, le comte de Suffolk.

« Talbot, averti de cette révolte, vint en diligence et entra dans la ville par la porte du château, si bien qu'avec

(1) La tour Orbrendelle ou Ribandelle, dite aussi tour royale, château du Mans. — Cette tour, dont nous avons retrouvé le périmètre, il y a 15 à 20 ans, avait la forme d'un fer à cheval. Arrondie du côté de la campagne, elle se terminait vers la ville en un talon carré. Les fondations, mises alors à nu, ont été recomblées, et il n'en reste plus trace.

cet ayde le comte de Sutfolch reprist en même tems la ville. »

Jean V, sire de Bueil, accompagné du sire de Beauvau, se joignit à Ambroise de Loré, qui avait pris en main la défense des marches du Maine, du côté de la Normandie.

Ambroise de Loré s'adressait à ces deux vaillants hommes comme les représentants de la noblesse de la Touraine et de l'Anjou. Plus de quatre-vingts hommes d'armes les suivent, « tous, dit Bourdigné, gens de bien et d'eslite, et dont il n'y avait celluy qui bien ne pensast valoir ung homme et bien le monstrèrent; car, combien que les Angloys fussent quatre fois en plus grand nombre dans la ville de Beaulmont qu'ilz n'étoient, ce nonobstant allèrent les assaillir, et frappèrent sur eulx si vigoureusement qu'ilz les mirent à la fuyte; et en demoura plus de six cens mors sur le champ, et plusieurs prins, et par ce appert que durant les grans affaires du royaulme de France contre les Angloys, plusieurs seigneurs, princes, barons et gentilzhommes de diverses contrées, se travailloient pour la deffence de la couronne royale; par cas pareil ne réposoient les nobles angevins et manceaulx, mais de toute leur puissance se exposoient à touz perilz et adventures pour le royaulme secourir, et ne se fist guères de bons actes belliqueux durant ce temps qu'il n'y eust aucun d'eulx en charge et auctorité. »

Au siége de Bayeux, Jean de Bueil fit un acte de courtoisie qui fut célébré par les historiens du temps. Les Anglais, hors d'état de résister plus longtemps, s'étant rendus à discrétion, il fut décidé qu'ils auraient la vie sauve, mais ne pourraient rien emporter qu'un bâton blanc.

« Quand vint à sortir de la ville, se trouva bien quatre cents damoyselles à pied, qui s'en alloient avec leurs maris et emportoient plusieurs d'elles leurs enfants qui leur estoit fort grief. Parquoy le seigneur de Bueil, qui gracieux estoit aux dames (nonobstant que par la composition fust dict qu'ilz s'en yroient tous à pied), impétra pour l'honneur de gentillesse que les dames, damoyselles, enfanz et plusieurs gentilzhommes angloys auroient chevaux, chariotz et litières pour les emmener, dont les Angloys le mercièrent fort, et tindrent le plaisir qu'il leur avoit fait à grant courtoisie »

C'est vers ce même temps que Jean V fut nommé amiral de France, par suite de la mort de Coëtivy, tué à l'attaque de Cherbourg.

« En ce temps alla le seigneur de Coitivy, admiral de France, assaillir la ville de Cherbourg, laquelle après plusieurs assaulx, fut souhmize en l'obéyssance du roy, mais d'un coup de coulevrine que le preux chevalier receut, en brief rendit l'âme qui, pour le royaulme de France, fut dommage irréparable. Le roy, adverty de la mort de son admiral, et bien informé de la proesse, industrie et loyaulté du seigneur de Bueil, tant par ce qu'il en avoit veu, que par le rapport de tous les princes et cappitaines, lui donna l'office de admiral de France. » (1450)

Jean V était, par sa mère, neveu et le plus proche parent de Béraud, comte de Sancerre. A la mort de ce dernier, il revendiqua cet héritage et contre Louis de Bourbon-Montpensier et contre Guillaume de Vienne, fils de la dauphine Marie, tante de Jean.

Un arrêt du parlement de Paris, rendu en 1481, le lui adjugea, et il se mit en possession du comté de Sancerre.

Jean V de Bueil était alors à l'apogée de sa gloire; ses droits, longtemps contestés, étaient enfin reconnus, et il pouvait mesurer la distance qui séparait l'état présent de celui où, simple *varlet d'aventures*, il entrait dans la carrière des armes sous l'égide du brave La Hire.

Jean V a usé de plusieurs sceaux pendant sa longue vie si bien remplie.

Nous en avons publié un qui, tout examen fait, nous paraît un des plus modernes; en effet, Jean y prend le titre de *sire de Bueil*, les anges qui supportent le cimier et l'écu sont debout et non à genoux, ce qui est une dégénérescence. Les cires que nous avons vues au Cabinet des Titres portent toutes ou s. JEHAN SEIGNEUR (en abrégé) DE BUEIL, ou la légende très-longue et inédite jusqu'ici: SEEL PG pour PRO SANCERRE NONDINIS IEHAN : SIRE : DE : BVEIL : AMIRAL : DE FRANCE, et les anges sont toujours à genoux.

Voici les divers sceaux que nous avons dessinés au Cabinet des Titres.

Le premier que nous donnons ici a été dessiné par nous sur des cires originales. Les anges y sont bien à genoux, le heaume a deux cols de cygne pour cimier. L'écu porte le sur-le-tout, et dans la légende le mot Bueil

est écrit avec un B majuscule. La légende porte s. IEHAN (fleurette), sʳ DE BUEIL en gothique minuscule, sauf le J et le B.

Le second sceau de Jean V est celui qu'il fit graver après qu'il fut devenu comte de Sancerre, *pour les foires de cette ville.*

Nous avons examiné longtemps ce sceau avant d'avoir pu le déchiffrer, et il est probable que Gaignières avait désespéré d'en tirer parti, car il ne l'avait pas dessiné comme il avait fait du sceau précédent que nous reproduisons ici à l'appui du précédent, bien que ces deux sceaux ne nous paraissent pas tout à fait pareils; mais on sait avec quel sans-façon le dessinateur de Gaignières traitait ses reproductions de monuments, et comme, en définitive, ces deux dessins ne diffèrent que par le B de Bueil, qui est minuscule dans la reproduction de Gaignières, on peut penser qu'il s'agit réellement d'un seul et même sceau.

Mais le sceau dont nous avons parlé, et qu'aucun historien n'a cité, parce qu'il a jusqu'ici défié la pénétration des antiquaires, est celui *des foires de Sancerre*, où Jean V prend le titre d'amiral de France. Voici le dessin fidèle de ce curieux monument.

C'est toujours la même représentation : deux anges à genoux soutiennent d'une main l'écu de Jehan V et de l'autre le heaume à deux cols de cygne.

La légende, fort bizarre, mélange de latin et de français, en fait tout l'intérêt.

On y lit SEEL : PO pour PRO, SANC pour SANCERRE, NON-DINIS pour NVNDINIS : DE : IEHAN : SIRE DE : BVEIL : AMIRAL : DE : FRANCE (1).

(1) Cette expresssion « *pro Sancerre nundinis* » rappelle cette autre locution d'un sceau de Thibaut VI, comte de Cham-

Ce sceau, fort bien conservé, existe en double exemplaire au Cabinet des Titres, dans le dossier Bueil.

A la même période de temps nous serions tenté d'attribuer notre matrice de sceau, que nous reproduisons ici, un peu agrandie toutefois par la photographie. On remar-

quera dans notre dessin l'anneau placé au-dessus de la main de l'ange de gauche, et qu'on a déjà vu dans le second de nos sceaux de Jean V; cet anneau paraît destiné à rattacher l'écu au heaume.

La plupart des sceaux de Jean V n'ont pas de contre-sceau; un coup de pouce en tient lieu; mais quelquefois on remarque, à l'envers des cires, un joli petit contre-sceau, sans légende, et représentant tout simplement un cerf accroupi.

Jean V a employé les dernières années de sa vie à dicter à ses trois secrétaires, Jean Tibergeau, Martin Morat et Me Nicole Riolaï, un ouvrage destiné à l'éducation de son fils, Antoine de Bueil (1), et intitulé le *Jouvencel* ou le *Jennencel*, comme le porte le magnifique manuscrit de la Bibliothèque nationale, n° 6,852 anc., et qui a joui, pendant les dernières années du XVe siècle et durant tout le XVIe, d'une réputation justement méritée.

Il y règne, en effet, une noble indépendance et une grande élévation d'idées. Jehan de Bueil s'y montre

pagne : SIGILLVM. NVNDINARVM. THEOBALDI. DEI GRATIA REGIS NAVARRE. CAMPANIE. (*Trésor de num. et de glypt. Sceaux des grands feudataires.* Pl. XIX, n° 3, p. 22.)

(1) Antoine de Bueil succéda à son père comme seigneur de

modeste lorsqu'il parle de lui-même, impitoyable à l'égard des fanfarons et presque méprisant pour les gens de cour. Il réalise l'idéal parfait du gentilhomme français. « qui ne peut, dit-il, faillir de parvenir à trois choses, de l'une desquelles les armes payent toujours leurs soudoyés : c'est ou de *la mort* ou de vivre *povre* et *hounouré* ».

M. Van Praët, dans ses *Recherches sur Louis de Bruges*, a le premier (1831) signalé le magnifique manuscrit du *Jouvencel* dont nous parlons, comme provenant de l'incomparable bibliothèque de Louis de Bruges, seigneur de la Gruthuyse. Il le décrit avec détail aux pages 187-189,

Bueil et comte de Sancerre. Il épousa Jeanne, bâtarde de Valois, fille naturelle de Charles VII et d'Agnès Sorel.

Gaignières nous a conservé son sceau que voici : c'est le même motif que celui des sceaux de Jean V ; toutefois, Antoine y a ajouté un vaste croissant, duquel les deux cols de cygne semblent émerger. La légende gothique porte s. ANTHOINE, Sr DE BVEIL ET CONTE DE SANCERRE.

Un autre sceau, qui a pu servir de contre-sceau au précédent,

représente un animal bizarre, qui ressemble plus ou moins à un bélier, accroupi à terre ; il porte au col une courroie qui soutient le blason d'Antoine. La légende de ce sceau est s. ANTHOINE, Sr DE BVEIL, en petite gothique.

Ce même animal à longue corne renversée sur le dos sert aussi de support au blason de Jacques seigneur de Bueil, fils d'Antoine, dans le sceau qui suit, qui porte en légende :

et cite la formule de l'*explicit* qui contient le nom de Jean de Bueil à l'avant-dernier feuillet :

Explicit le livre Monseigneur du Bueil, nommé le Jeuuencel.

M. Paulin Paris (1838) qui a su, par de nombreuses citations et d'ingénieux rapprochements, jeter un grand intérêt sur le *Jouvencel*, dans sa notice insérée au tome II des *Mss. franç.*, page 130, dit avec raison que le manuscrit porte partout Jennencel, et que c'est sans doute une faute de copiste. Il y a bien, en effet, *Jennencel* dans tous les endroits où ce mot se trouve, et, en cela, il y a lieu de corriger Van Praët qui, tout en s'efforçant, dans ses citations, de reproduire la physionomie même du texte, en conservant les abréviations, les S verticales, etc., a modifié quelquefois les caractères comme le mot *jennencel* écrit par lui *jeuuencel*.

C'est ici, croyons-nous, affaire de dialecte, et la preuve c'est que le scribe ayant à écrire les mots *jeunes hommes*, met *jennes hommes* dans le remarquable préambule que nous demandons la permission de transcrire ici.

« Cy commence la table de ce présent livre, appellé le Jennencel nouvellement fait et compillé par ung discret et honorable chevalier, pour introduire, donner courage et hardiment à tous *jennes* hommes qui ont désir et voullente de sieuvyr le noble stille et exercité des armes, ès quelles on peut bien faire et acquérir son sauvement, qui s'y scet bien conduire et gouverner en droit et justice. »

Ce beau manuscrit, que nous avons feuilleté avec grand intérêt, offrait partout les armes et les devises de Louis de Bruges, seigneur de la Gruthuyse, qui profita de la haute faveur dont il jouissait auprès de Philippe le Bon, de Charles le Hardi et de Marie de Bourgogne, pour former la plus nombreuse et la plus belle collection de manuscrits qu'aucun seigneur, excepté les ducs de Bourgogne, ait jamais possédée (1).

S. IAQVES Sr DE BVEIL. Ici l'animal semble être un cheval par la tête, mais la queue est toujours celle d'un mouton.

Ces trois sceaux sont gravés d'après des dessins de Gaignières existant au Cabinet des Titres ; les originaux manquent.

(1) Les armes de Louis de Bruges, qui se voyaient sur tous ces manuscrits, confectionnés sous ses yeux à Bruges, étaient : *écartelé aux 1er et 4e d'or, à la croix de sable qui est Gruthuyse et aux 2e et 3e de gueules, au sautoir d'argent qui*

L'époque de la mort de Jehan V était jusqu'à ces derniers temps restée indécise.

Le père Anselme, La Thaumassière, l'Hermite Souliers et Moréri le font mourir vers 1474.

Dans la lettre que M. Mégret Ducoudray a bien voulu m'écrire à la date du 30 mars 1873, on trouve le passage suivant, qui me paraît devoir lever tous les doutes.

« M. Paulin Paris dit que Jean V de Bueil mourut en 1474. Il commandait encore quatre-vingt-quinze lances à cette date, et c'est, en effet, la dernière année de sa vie militante ; mais il est arrivé pour lui, comme pour son aïeul et pour le petit nombre de guerriers illustres qui atteignent les jours de la vieillesse ; dès que l'activité prodigieuse dont ils ont donné tant de preuves a cessé, dès qu'ils ne fournissent plus chaque année une page brillante à nos chroniqueurs, les contemporains eux-mêmes s'y laissent prendre, et on croit qu'ils sont morts. Nous trouvons dans le cartulaire de l'abbaye de Saint-Calais la preuve qu'il vivait encore en 1477. Il avait acquis par cinquante ans de combats le droit de se recueillir avant l'heure suprême. Il eut le temps de préparer sa dernière demeure. . . . . Afin de mourir en paix avec Dieu et avec les hommes, il termina la même année, par une transaction, tous les procès et conflits sans cesse renaissants entre l'abbaye et le château de Saint-Calais. Cet acte du 4 juillet 1476 remplit huit pages in-folio du cartulaire de l'abbaye. « Pour faire paix entre eulx, comme dit le préambule, l'abbé de Saint-Calais donna ses pleins pouvoirs à frère Jehan de Ronsard, religieux profès, qui devint quatre ans plus tard abbé lui-même, et gouverna l'abbaye pendant trente-huit ans. » C'était le grand-oncle du poëte. Le plénipotentiaire du sire de Bueil était Me Guillaume Tibergeau, son procureur à Saint-Calais, fils de Jehan Tibergeau, écuyer, capitaine de Saint-Calais qui figure dans l'aveu de 1465.

La ratification du traité est du 4 mars 1477, et finit ainsi : « Nous avons signé ces présentes de nostre main et fait sceller de nostre séel, le 4e jour de mars l'an mil quatre cens soixante et dix-sept (en toutes lettres). Signé : Jh. de Bueil. »

On stipule dans ce traité le paiement d'une rente de 40 sols tournois, pour un anniversaire que les moines sont tenus « dire et célébrer, chacun an, le premier vendredi de caresme, pour les âmes des prédécesseurs de mon dit seigneur, en faisant sonner les cloches de ladite abbaye et en faisant savoir à mon dit seigneur, à Madame et à leurs successeurs s'ils sont audit lieu de Saint-Kalès, ou à leur capitaine ou autres officiers, qu'ils aillent, si bon leur semble, audit service. »

« C'est probablement cette clause du traité qui a inspiré la strophe suivante au très-lettré seigneur de La Mothe Tibergeau, où il fait parler son vieux maître :

Longtemps ai combattu, mon corps ne vivra guères ;
Tost sonnerez pour moy, cloches du monastère.
Quant elles sonneront, bonnes gens, à genoux,
Priez pour moi, bonnes gens, priez tous.
Pour que Dieu fasse paix à l'âme de mon père,
Pour les sires de Bueil, occiz à la grant guerre,
En bataillant pour la France et pour vous.

« Après la ratification du traité avec l'abbaye, on mentionne encore, dans l'inventaire des titres de la maison, un dernier aveu du 19 juin 1477, rendu à messire Jehan de Bueil, par l'abbé de Saint-Calais, pour le fief de Margerie, qui relevait du château ; puis sa seconde femme Martine Turpin testait, étant veuve, le 20 août de la même année. C'est donc entre le 19 juin et le 20 août 1477 qu'il faut resserrer la date de sa mort. Enfin, je trouve une donation de divers héritages faite par Antoine de Bueil, son fils unique du premier lit, aux religieux de Saint-Satur, ancienne abbaye du Berry, voisine de Sancerre, à la charge d'un anniversaire à perpétuité pour son père, le 7 juillet de chaque année. »

« Avec ce dernier renseignement, je crois sans trop de présomption pouvoir affirmer que Jean V de Bueil est mort le 7 juillet 1477. »

Nous avons vu qu'il fut enterré dans la collégiale de Bueil, sous une dalle de cuivre, gravée à son effigie et à ses armes.

Martine Turpin, sa veuve, lui survécut de bien peu, et fut enterrée au Plessis-Barbe, d'où provient, sans doute, le petit ex-voto donné par M. Ruillé au musée archéologique du Mans.

Nous le figurons ci-après.

Ce petit monument n'est qu'une base et attend que l'on puisse, quelque jour, le couronner de la Notre-Dame de Pitié (1) ou de la Résurrection de Notre-Seigneur, ou de toute autre scène convenable aux sentiments pieux qui l'ont inspiré à Martine Turpin.

Le blason de cette veuve reproduit un fuselé plutôt

---

est Van der Aa. On ne sait pourquoi il accompagna dans la suite son écusson de deux mortiers posés sur leurs affûts et lançant une bombe qui s'enflamme.

Cette magnifique bibliothèque, dans lequel se trouvait le Jouvencel, passa à son fils Jean de Bruges, qui céda au roi Louis XII tous ces beaux manuscrits, enrichis des plus splendides vignettes. On s'empressa un peu trop peut-être de couvrir le blason de Gruthuyse des armes du roi ; mais en présentant le feuillet au jour, on voit parfaitement le blason du généreux seigneur à qui la France doit tant de magnifiques manuscrits. Notre Jouvencel est un des plus beaux, et on va facilement comprendre l'intérêt que ce livre avait pour le seigneur de la Gruthuyse dont le fils, Jean de Bruges, épousa la fille d'Antoine de Bueil.

---

(1) On voit au musée archéologique du Mans un édicule assez semblable à celui-ci, élevé par la veuve du sire de Courvalain sous le porche de l'église de la Chapelle-Saint-Remy ; les armes de cette veuve se voient, deux fois répétées, au bas d'une Notre-Dame de Pitié, accostée d'une sainte femme.

qu'un losangé, et c'est le même blason que nous voyons sur ses sceaux.

Il existe au Cabinet des Titres de la Bibliothèque natio-nale deux dessins de sceaux que nous avons reproduits fidèlement et qui offrent la même partition sénestre.

Les deux sceaux, un peu différents l'un de l'autre, sont appendus au bas de deux quittances de même somme et données pour le même objet le même jour.

Voici l'une de ces quittances :

« Nous Martine, d° de Bueil, contesse de Sancerre, confessons avoir reçue de Jehan Raguier, receveur général des finances de Normandie, 2,000 livres pour nostre pension de ceste année, commençant le 1ᵉʳ janvier dernier.— 8ᵉ juin 1474. »

Voici l'autre quittance :

« Nous Martine, dame de Bueil, contesse de Sancerre, confessons avoir reçu de Jehan Raguier, conseiller et rece-veur général des finances du roy en Normandie, 2,000 livres pour nostre pension de ceste année, commençant le 1ᵉʳ janvier dernier. — Le 8 juin 1474.

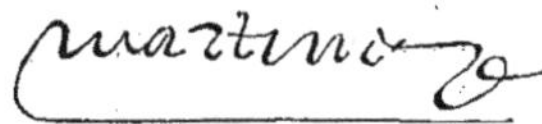

Comme on le voit, les deux libellés ne sont pas iden-tiques. La différence porte surtout sur le mot *Dame* en toutes lettres dans le second et l'adjonction du mot *du roy* après *Receveur général des finances*.

Les sceaux aussi sont différents dans leurs légendes. Le premier porte *Seel de Martine*, le second seulement *Seel Martine*. Le grenetis intérieur n'est pas le même non plus.

Cette question de savoir si le blason des Turpin-Crissé

portait alors un *fuselé* ou un *losangé* tout simplement, ne sera pourtant pas encore tranchée cette fois, car nous avons trouvé dans l'église de Bueil un admirable dossier de banc, croyons-nous, que nous nous sommes empressé de dessiner et qui offre, comme on va le voir, un véritable *losangé* au lieu d'un *fuselé* à la partition sénestre du second blason à droite.

Ce dossier de banc a dû avoir été fabriqué du vivant de Jehan V, dont il porte les armes à gauche, sauf que le sur-le-tout paraît n'avoir jamais été sculpté, à moins qu'il n'ait été raboté plus tard, mais si parfaitement qu'aujourd'hui aucun indice ne peut faire soupçonner qu'il ait jamais existé. Peut-être Jean V appuyait-il sa tête en cet endroit du dossier.

Le blason de Jehan V est, du reste, régulier; la partition de Bueil est bien placée au premier et au quatrième canton, les deux autres étant occupés par la croix ancrée d'Avoir.

Le blason de Martine Turpin offre cette anomalie, pour cette époque relativement moderne, qu'*Avoir* se trouve reproduit au premier canton et Bueil seulement au troisième. On peut soupçonner, sans vouloir constater ici un retour fortuit aux traditions du xive siècle, que les figures du blason de Martine ont été disposées ainsi dans un intérêt de symétrie relativement aux écarts deux et quatre du blason de son mari.

Le sur-le-tout est régulièrement tranché en deux; les sculptures en sont très-vives et de l'époque même du reste du travail.

Le *losangé* est très-accusé; il est tel que le donne la gravure, ce sont des carrés parfaits, disposés en losange.

Il nous reste peu de choses à dire de l'ornementation des autres surfaces, qui offre partout le mouvement giratoire, plus accentué qu'on n'est habitué à le trouver en France; du reste, il faut reconnaître que ces figures sont savamment disposées, avec points milieux, et généralement d'après l'ordre du carré.

Nous allons bien étonner nos lecteurs en leur disant que le motif des trois quadrilatères du haut a été retrouvé à Tolède par le révérend père Arthur Martin, cet infatigable dessinateur, auquel il n'a manqué qu'un peu plus d'habileté de main.

Le type gothique fleuri, marqué Q dans le volume in-4° intitulé : *Mélanges d'archéologie, Décorations d'église*, 1875, page 166, reproduit notre savant motif, affadi si l'on veut et rendu peu agréable par certaines faiblesses de dessin, mais enfin c'est lui.

M. l'abbé Cahier, dont on connaît la verve piquante, en est tout écœuré; il s'exprime en ces termes au sujet de ce style : « Celui-ci pourtant, si l'on m'en croit, possède une grande puissance d'ennui; surtout quand on multiplie les exemplaires à outrance, comme pour accroître et hâter le dégoût du spectateur, excédé par un débordement de ces minauderies impatientantes. »

Je reconnais que la multiplicité de reproductions presque identiques provoque la satiété; mais d'abord la reproduction n'est jamais à la hauteur de l'original, première cause d'insuccès, en second lieu laissez ces charmants méandres à leur place, par exemple dans la circonstance, entourés de colonnettes longitudinales, et vous évitez sans peine le dégoût dont parle M. l'abbé Cahier.

Notre dossier offre le plus heureux mélange de lignes courbes et de lignes droites ; le tout est savamment agencé et vaut infiniment mieux comme lignes que la plupart des motifs byzantins, souvent maladroits et lourds.

Maintenant, si l'on me demandait comment j'expliquerais la présence à Tolède de motifs d'ornements trouvés dans une petite église de Touraine, je répondrais qu'il n'est pas plus difficile d'expliquer cette coïncidence, bizarre en apparence seulement, que de dire pourquoi les revêtements en faïence de l'Alcazar de Tolède, dont nous avons au musée archéologique du Mans (1) de nombreux échantillons, reproduisent identiquement les motifs de notre style de la Renaissance. Il est très-probable que les artistes flamands, dont les pérégrinations sont bien connues, n'ont pas été étrangers à cette diffusion de l'art français à ces époques d'exubérance et de floraison.

Nous terminerons ici cette étude, que nous devions à la mémoire de ces vaillants hommes, les sires de Bueil, qui ont, plus que d'autres, travaillé à fonder l'unité française en versant généreusement leur sang pour la plus noble des causes. Puisse la postérité ratifier ce dernier hommage d'une plume et d'un crayon bien désintéressés dans la question !

Nous n'écrivons pas, dans ces moments difficiles, sous l'empire d'un sentiment de parti; on connaît notre impartialité, qui fait en même temps notre force. Nous le faisons pour rendre hommage à la vérité, pour donner à ces nobles et grandes figures tout leur relief et pour les recommander au souvenir reconnaissant de nos concitoyens.

(1) Ces revêtements ont été rapportés par M. d'Espaulart, notre regretté confrère, lors de son voyage en Espagne. Ils occupent une vitrine au fond à gauche, dans le musée archéologique de la ville du Mans.

IMPRIMERIE PAUL BOUSEREZ, RUE DE LUCÉ, 5, TOURS.

www.ingramcontent.com/pod-product-compliance
Ingram Content Group UK Ltd.
Pitfield, Milton Keynes, MK11 3LW, UK
UKHW021353100726
13657UKWH00006B/2059